682 JOURS

Roselyne Bachelot

682 JOURS

PLON
www.plon.fr

92, avenue de France
75013 Paris
www.plon.fr et www.lisez.com

Mise en pages : Nord Compo
Dépôt légal : janvier 2023
ISBN : 978-2-259-31465-7

À Sophie-Justine, Arnaud, Djiali, Hervé,
Sarah, Tristan, Jean-Baptiste, Olivier,
Séverine, Hélène, Emmanuelle, Soizic,
Arnaud, Pierre, Marie, Delphine, Fanny.

I.
Comment voyez-vous les choses ?

3 juillet 2020

« Bonsoir Roselyne, c'est Jean Castex »

J – 3. En cette chaude soirée du 3 juillet, nous bavardons entre amis profitant de la fraîcheur relative d'une terrasse ombragée. La vie est belle et, pour neutraliser les fâcheux, j'ai laissé mon portable chez moi. Chacun évoque son programme estival en sirotant paresseusement spritz et rosé. Pour mon groupe de potes qui vit de théâtre, d'opéras, de concerts, de festivals et d'expositions, ces premiers mois de 2020 ont ressemblé à la traversée du désert de Gobi en pédalo.

Depuis le 29 février, date à laquelle le gouvernement a interdit les rassemblements de plus de cinq mille personnes, les mauvaises nouvelles se sont succédé et la France est entrée dans un monde réglé par la pandémie de la Covid-19. Le 8 mars, l'interdiction s'étend aux rassemblements de plus de mille personnes et le 13 de plus de cent. Le 14 mars, le coup de grâce est porté au monde de la culture avec la fermeture de tous les lieux recevant du public. Certes, l'annonce que le déconfinement est prévu pour le 11 mai a fait naître une lueur d'espoir mais l'onde de choc du confinement s'est étendue bien au-delà. Une salve d'annulations résonne comme une marche funèbre : Festival de Cannes, Solidays, Avignon, Hellfest, Francofolies, Vieilles Charrues…

Et surtout, pour nous comme pour beaucoup de Français, cette séquence terrible est marquée par le deuil des amis emportés par ce foutu virus. On se communique les nouvelles des proches en réanimation et j'ai parfois songé en ces jours de désolation aux années terribles de la pandémie de sida qui tua tant de gens que j'aimais.

Dans ce torrent émotionnel, mes activités d'éditorialiste ont pris un tour nouveau. J'avais été vilipendée, moquée et même injuriée pour ma gestion de la pandémie grippale de 2009 alors que j'étais ministre de la Santé. Voilà que les circonstances valident *a posteriori* ma démarche fondée sur les principes de prévention et de précaution et me propulsent comme « la » référence de gestion de crise. Les images retrouvées des critiques émises alors sont cruelles pour mes contempteurs et mon audition devant la commission d'enquête parlementaire qui s'est déroulée le 1er juillet 2020 a enfoncé les clous sur leurs cercueils... médiatiques. Depuis trois mois, j'ai mon rond de serviette sur tous les plateaux. Présence régulière dans l'émission d'Anne-Élisabeth Lemoine *C à vous*, participation multipliée dans les débats de LCI, innombrables interviews de presse écrite et radio et surtout, depuis quelques semaines, c'est la consécration : deux fois par semaine, avec Gilles Bouleau, j'assure le « préjournal » du 20-heures de TF1 pour faire le point sur la situation sanitaire.

Mais ce soir-là, si notre conversation n'est jamais éloignée de la culture, elle tourne surtout autour de la vedette du jour, le nouveau Premier ministre nommé quelques heures auparavant, un inconnu nommé Jean Castex. On me bombarde de questions :

— Tu le connais ? Il est comment ? Sympa ?

— Tu parles que je le connais ! Il était dircab de Xavier Bertrand quand il était ministre du Travail et moi à la Santé. J'ai surtout travaillé avec lui quand il a succédé à Raymond Soubie[1] comme conseiller social de Sarkozy puis comme secrétaire général adjoint de l'Élysée.

— Ouais, un techno quoi !

— Alors là, pas du tout, c'est ce qui fait son charme. Je me souviens d'un déjeuner en avril 2018. Il était délégué interministériel aux Jeux olympiques et il m'avait invitée comme ancienne ministre des Sports. En fait, on a parlé musique pendant deux heures et pour le remercier, j'ai consacré une de mes émissions sur France Musique à son festival Pablo-Casals de Prades, la commune dont il est maire.

— Tu es d'une naïveté ! C'est pour ça qu'il t'a payé à déjeuner…

— Et toi tu as un mauvais fond. En tout cas, je l'ai revu, tiens, il y a juste deux heures : à peine sorti de la cérémonie de passation de pouvoir avec Édouard Philippe, il était l'invité du JT de TF1 et nous sommes tombés dans les bras l'un de l'autre. Toujours aussi jovial. Mais c'est une flèche : sous ses airs de péquenot, il connaît la machinerie !

— Tu vas voir : il va te nommer ministre de la Santé !

Éclat de rire général de la compagnie. J'ironise :

— Arrête de déconner. Pour les corvées, j'ai déjà donné.

Tout le monde en a convenu et nous avons commandé une nouvelle tournée de spritz.

La soirée s'étirait, il me fallait rentrer.

Le portable clignotait sur mon bureau. À peine le temps de voir que le dénommé Jean Castex avait déjà tenté de me joindre par deux fois, de penser « M… je suis rattrapée par la patrouille », puis d'assurer ma détermination de rester dans la vie civile, la sonnerie retentit :

— Bonsoir Roselyne, c'est Jean Castex.

— Ouiiii ?

— Je te propose de venir avec moi au gouvernement. Tu es partante ?

— Disons plutôt que je suis partie ! En 2012, j'ai décidé d'arrêter la politique et je ne veux pas y revenir. Je suis désolée mais c'est gentil d'avoir pensé à moi.

La voix du nouveau Premier ministre se fait plus douce, onctueuse malgré l'accent rocailleux, quasiment doucereuse :

— Je te propose d'être ministre de la Culture.

La tête me tourne, ce type a trouvé le point faible, la frustration inassouvie, le truc dont j'ai toujours rêvé, le fantasme de quarante années de vie politique. J'ai dix secondes pour me décider.

— Pour la Culture, c'est oui.

La phrase résonne dans mon esprit comme un serment ou une devise.

— Bon, le président te voit dimanche et je fais l'annonce de l'équipe lundi. Dors bien !

Tu parles. Bien dormir ?

Pendant les deux années qui ont suivi, les journalistes n'ont pas manqué de me rappeler *ad nauseam* mes déclarations indiquant que je ne reviendrai jamais en politique. Ce soir-là, en fait, je me suis sentie comme un soldat qui s'est retiré, bien décidé à profiter de la vie, mais qui néanmoins graisse soigneusement tous les jours le vieux fusil qu'il a rangé dans l'armoire. Oui, j'ai eu le sentiment, la certitude que le temps du combat était revenu.

4 juillet 2020

Des branques à la fidélité douteuse

Le plus éprouvant et le plus urgent dans tout cela est d'annoncer à mes enfants que je « repique au truc ». Mon fils, Pierre, décroche le téléphone. Il est guilleret :

— Maman ! Alors tu prépares tes vacances ? Tu vas bien ?

— En fait de vacances… Comment dire… Il y a comme un contretemps… Voilà, Jean Castex, le nouveau Premier ministre, m'a proposé le poste de ministre de la Culture… et j'ai accepté.

J'entends dans l'appareil comme une déflagration :

— OH NOOOOON !

Toute la souffrance des injures et des mensonges subis, des mises en cause absurdes, des moqueries, des agendas déments qui ruinent la vie familiale et amicale est dans ce cri. Mais mon fils a été élevé dans une tribu pour qui le service de la République est une ardente obligation. Il met trois secondes à se remettre :

— Tu dois accepter. D'abord tu en as toujours rêvé. Tu seras formidable dans ce poste… Et puis, on sera là.

Mon trio d'amour sera là, comme toujours. J'en ai rudement besoin.

Il faut se mettre en position *close combat* en n'oubliant pas toutefois que jusqu'à l'annonce officielle de la composition du gouvernement sur le perron de l'Élysée, vous pouvez être « débranché » d'un poste promis[2], parfois même sans en être averti au préalable ! C'est d'ailleurs la mésaventure qui m'était arrivée en 1995. Jacques Chirac m'avait téléphoné pour m'annoncer ma nomination d'abord comme ministre de la Coopération puis comme secrétaire d'État dans le pool social et avait « oublié » de me prévenir que finalement je restais sur le banc de touche. Au plus haut sommet de l'État, la bonne gestion des ressources humaines est en option. La prudence est donc de règle et pourtant il faut foncer. Deux jours pour recevoir les candidats aux postes clés de mon cabinet, élaborer les axes prioritaires de mon programme, écrire mon discours de passation de pouvoir, préparer l'entretien avec le président de la République, échanger avec des amis chers dont j'apprécie la fidélité désintéressée et la hauteur de vues et dont je recueille les avis avec soin, comme le journaliste et écrivain Philippe Meyer, Georges-François Leclerc ou Julien Marion, qui furent à mes côtés au ministère de la Santé et des Sports.

En effet, il faut savoir une chose : si vous n'arrivez pas au gouvernement avec les têtes de pont de votre équipe, Matignon et l'Élysée vous colleront des branques à la fidélité douteuse et dont vous ne pourrez plus vous débarrasser. J'active mes réseaux avec une volonté déterminée : composer une équipe paritaire. Tout au long de ces vingt-deux mois, mon cabinet sera le seul à respecter cet équilibre. Une conseillère d'État remarquable, Sophie-Justine Lieber, comme directrice, et Djilali Guerza, venu du ministère de l'Intérieur, comme chef de cabinet – épaulé par le commandant Hervé Ballereau –, forment un tandem de choc pour assurer l'intendance, ainsi que Sarah Gaubert – qui comme Hervé m'a accompagnée dans toutes mes responsabilités ministérielles – pour gérer avec une prudence de serpent et une subtilité de libellule toutes les chausse-trappes de la communication. J'ai bien l'équipe qui me convient : paritaire, diverse, pluridisciplinaire, fidèle. Autour de la table de la salle à manger transformée en salle de travail, commence à se construire la mystérieuse alchimie qui transforme une juxtaposition hétéroclite de serviteurs de l'État en un commando « à la vie, à la mort » prêt à affronter l'incroyable et impitoyable aventure qui l'attend.

5 juillet 2020 – 17 heures

« Je vous donne mon numéro de portable »

En traversant le Paris presque désert de cette fin d'après-midi, je ne suis pas inquiète de cet « entretien d'embauche » avec Emmanuel Macron. Je me suis bien gardée de toute indiscrétion à la presse et mon nom n'apparaît pas dans les castings foireux que concoctent les journalistes à chaque remaniement. Si finalement ça ne « matche » pas avec le président, ce serait presque un soulagement.

Je ne m'étais pas rendue dans le bureau présidentiel depuis un entretien avec François Hollande en novembre 2012 pour présenter avec Lionel Jospin nos travaux sur la rénovation de la vie publique. Le changement de décor est impressionnant : mobilier, tapis, objets, tableaux d'une étonnante et sobre modernité, tout est raccord avec le quasi jeune homme qui me reçoit. Chemise blanche sans col, il paraît encore plus jeunot que sur les photos avec sa mèche blonde, ses dents du bonheur et son regard bleu glacier. Emmanuel Macron n'a pas toujours l'attitude qu'on attend d'un président… Pendant un instant, je me prends à penser que nous sommes un peuple imprévisible d'avoir élu un homme aussi peu raccord avec l'idée que se font les Français de la fonction.

J'attends qu'il commence par une entrée en matière exprimant ses priorités, comme l'ont fait avant lui les deux présidents que j'ai servis, Jacques Chirac et Nicolas Sarkozy. Ils étaient les chefs, me donnaient une feuille de route et je me devais de l'exécuter. Simple, basique.

Rien de cela. Il m'installe bien en face de lui, ses grands yeux bleus rivés aux miens :

— Comment voyez-vous les choses ?

J'ai appris par la suite que ce regard style serpent Kaa dans *Le Livre de la jungle* était une classique mise en hypnose. Et que cette phrase culte était un gimmick qui commençait quasiment tous les entretiens.

Pendant plusieurs minutes, il me laisse exprimer mon empathie pour un monde de la culture dévasté et exposer mes idées. À dire vrai, j'ai fortement l'impression qu'il se moque de celles-ci comme de son premier col marin. Ce qui l'intéresse, c'est la personne, son comportement, son expression. Il ne m'arrête qu'un moment quand je lui indique mon souhait d'avoir un(e) secrétaire d'État à la Communication :

— Non, vous devrez vous occuper des deux secteurs en première ligne.

Il se lève :

— Eh bien, nous allons avoir du travail !

Il continue :

— Je vous donne mon numéro de portable.

Comment voyez-vous les choses ?

Je ne sais pas encore l'importance qu'auront ces dix chiffres pendant ces vingt-deux mois, mais visiblement une chose est claire : je serai bien demain ministre de la Culture.

Oui, j'en avais rêvé, du ministère de la Culture ! D'ailleurs, lorsque j'allais voir mon ami Frédéric Mitterrand, alors en poste à Valois, en riant, il me disait toujours que je lui faisais penser au croque-mort de *Lucky Luke* prenant les mesures des passants pour mieux préparer leurs cercueils. Toutefois, je ne me faisais aucune illusion. Depuis 2007, pas moins de sept ministres m'avaient précédée et la pauvreté des échanges intellectuels et idéologiques sur la culture était saisissante dans la sphère politique et dans l'opinion publique. Cette valse des ministres autant que l'influence politique quasi nulle des titulaires successifs signifiaient assez le rôle subalterne assigné au locataire du poste et je n'étais pas assez naïve pour imaginer que, nommée en fin de mandat présidentiel, on me donnerait les moyens des profondes réformes structurelles dont ce ministère a besoin. J'étais là en mission commando, bien décidée à défendre bec et ongles la culture esquintée par la crise mais toujours accusée d'élitisme et de gloutonnerie budgétaire.

6 juillet 2020

C'est peu de dire que la culture n'a rien vu des révolutions…

En ce 6 juillet, il faut d'abord affronter la passation de pouvoir avec Franck Riester, et j'imagine sans peine sa nostalgie et sans doute son chagrin de quitter cette maison prestigieuse. Franck est une belle personne pour qui le sens de l'État est une réalité. Dans un contexte tragique, il a tenu bon, ne s'est pas abîmé dans la crise et a su mener des politiques de fond : le « Plan Bibliothèques », les premières esquisses du pass Culture, la préfiguration du Centre de la francophonie et bien d'autres. Et surtout, au-delà des aides de droit commun, il a su mettre en place la fameuse année blanche de l'intermittence qui a mobilisé un milliard d'euros supplémentaires pour les artistes et les techniciens privés de travail par la pandémie. Certains beaux esprits de la culture, dont le snobisme arrogant n'a pas fini de m'ébaubir, l'ont moqué au motif qu'il ne faisait pas partie de la camarilla émerveillée d'appeler par leur prénom les stars de la culture subventionnée. Peu après sa nomination, en avril 2018, nous étions sortis ensemble à l'Opéra Bastille assister à une représentation de *L'Élixir d'amour*, de Donizetti. Chacun connaît l'air de Nemorino *Una furtiva lagrima*, pont aux ânes de tous les ténors et qui valait à Luciano Pavarotti d'être bissé dans ce lieu où l'on s'honore de ne pas le faire (nous ne sommes pas des Italiens, quand même !). Oui, en le saluant je repense à cette larme furtive, mais je sais qu'il est déjà parti pour d'autres horizons.

Dix-sept heures, rue de Valois. Avec Franck Riester, nous faisons cette cérémonie à l'arrache quasiment quelques minutes après l'annonce de la composition du nouveau gouvernement par le secrétaire général de l'Élysée, Alexis Kohler. En effet, Franck doit rejoindre son nouveau poste au ministère des Affaires étrangères comme chargé du Commerce extérieur et lui-même assurer une passation avec son prédécesseur Jean-Baptiste Lemoyne. C'est le moment pour lui de faire le bilan de son action et, pour moi, de dresser les grandes lignes de mes priorités pour les deux ans à venir. L'urgence absolue sera la remise en route et en état des lieux de culture, une question de vie ou de mort pour des dizaines de milliers de personnes. Urgence que j'exprime en forme de devise : « Je serai la ministre des artistes et des territoires. » Ce sera ma feuille de route tout au long des 682 jours. J'annonce que je lance des états généraux des festivals, véritable angle mort des politiques du ministère, secteur dont l'administration centrale ne connaît même pas le nombre de structures et où les subventions ont été distribuées au gré des copinages des ministres successifs. J'insiste aussi sur un certain nombre de crises existentielles venues de loin, telle celle que traverse la presse écrite et conclut en gaulliste « à poil dur » par une citation du Général : « La culture domine tout, elle est la condition *sine qua non* de notre civilisation. »

Derrière le décorum institutionnel, l'alerte est donnée dès ce premier jour de mes fonctions. Ce même 6 juillet 2020 au soir, non seulement je prononce mon discours de passation mais concomitamment je sors mon premier communiqué de presse à propos de l'étude décennale sur les pratiques culturelles des Français[3], remarquable travail mené par le département des études, de la prospective et des statistiques du ministère de la Culture. Il y avait en fait deux lectures du document. L'une, statique, se réjouissait de la place croissante de la culture dans la vie quotidienne des Français : de plus en plus de personnes fréquentaient des lieux culturels de plus en plus nombreux. Mais une analyse prospective mettait également en exergue des signaux inquiétants. Le pourcentage croissant des individus qui n'ont pour toute consommation culturelle que la pratique numérique, les jeunes naturellement, est monté à 15 %, alors que l'univers de la culture patrimoniale est en forte déprise. L'univers des pratiques variées – c'est-à-dire les personnes qui vont à la fois au cinéma, au théâtre, au concert, lisent des livres, visitent des musées et des expositions –, cet archétype du citoyen cultivé, est maintenant limité aux baby-boomers (nés entre 1945 et 1954). J'en suis un bon exemple. Suivre les courbes d'évolution est simple : nous sommes dans une révolution copernicienne qui va nous obliger à repenser complètement le modèle de la fameuse exception culturelle française.

Le problème est que les modèles de ministres de la Culture dont on nous rebat les oreilles, André Malraux, Jack Lang ou Michel Guy, sont à cet égard des dinosaures qui n'ont quasiment rien vu de ces mutations et ont, si l'on veut bien se vautrer quelque peu dans les charmes de la lucidité *a posteriori*, plutôt chargé la barque avec des politiques qui sont autant de parpaings aux pieds de leurs successeurs, empêtrés dans les avantages acquis et les forteresses clientélistes. Ce n'est pas un reproche que je leur fais ; ils n'avaient, ni eux ni bien d'autres, les outils pour imaginer l'avenir. Mais les signaux faibles étaient là pour un observateur attentif et clairvoyant. Amatrice de science-fiction[4], j'avais lu plusieurs essais significatifs sans en réaliser vraiment la portée prophétique. La SF est un outil précieux de prospective scientifique et de projection des mutations sociales. Le concept de « sauvage urbain », dans sa double acception de « bandes armées reléguées en périphérie de centres-villes concentrant les richesses » mais également de « citoyens urbains à la recherche d'une existence proche de la nature et se diffusant dans l'espace rural », apparaît presque dès les années 1920.

Paul Otlet, un idéaliste pacifiste belge, décrit déjà le monde de l'Internet dans son *Traité de documentation*, publié en 1934. Le monde universitaire américain produit depuis plus de soixante ans les études et les prototypes qui installent le monde connecté, mais le monde de la culture ne s'est jamais senti concerné par une technologie qui n'était pas censée l'impacter. C'est le début des années 1990 qui va marquer l'explosion de tout cela par l'organisation de réseaux d'opérateurs indépendants. Le premier site web s'ouvre en 1991 et, en 1993, le World Wide Web passe dans le domaine public. Les années 2020 seront celles de l'apparition d'un Internet quantique, synonyme de surpuissance et de garantie de sécurité. C'est peu de dire que la culture n'a rien vu de ces révolutions. Nous sommes restés boire des cocktails sur la plage alors que le tsunami numérique fonçait sur nous pour nous engloutir.

La première sortie d'un ministre est toujours un acte politique fort scruté et analysé par le milieu. Dès ce premier soir, j'étais à Radio France pour écouter Olivier Py[5]. Le symbole était double : défense résolue du service public de l'audiovisuel menacé par la révolution numérique et garant de la démocratie, et hommage à un de nos plus brillants hommes de théâtre en ces temps de tempête où tangue le spectacle vivant.

Du 7 au 25 juillet 2020

Une solide réputation d'emmerdeuse

En relisant mon agenda de ces premiers jours de juillet 2020, premiers jours de fonction ministérielle, j'ai pensé que, vraiment, je devais être folle pour accepter un tel maelström. Il faut assumer les incontournables Conseils des ministres, réunions de cabinet, questions au gouvernement, visites aux services du ministère et premiers rendez-vous protocolaires avec les innombrables organisations culturelles, toutes estimant qu'elles devraient être reçues dans les toutes premières heures de votre arrivée sauf à se considérer méprisées. Sans compter les salutations aux nombreux « chapeaux à plumes » qui se baguenaudent dans l'écosystème avec un ego de même calibre que leurs demandes budgétaires, les interviews aux incontournables *Télérama*, France Inter, *Match* et autres, les discussions avec les parlementaires et tout particulièrement les deux présidents des commissions des affaires culturelles du Sénat et de l'Assemblée nationale, Laurent Lafon et Bruno Studer. Tout cela d'ailleurs rend vraiment d'autant plus grotesque cette incroyable valse des ministres français qui fait rigoler toute l'Europe. Nos collègues de l'Union européenne comptent avec ravissement cette procession[6] et vient à mon souvenir mon premier Conseil européen comme ministre de l'Écologie. Il se déroulait sous présidence espagnole à Majorque, en juillet 2002, et une collègue était venue me donner une chaleureuse poignée de main en me disant : « Je ne me donne pas la peine d'apprendre votre nom, l'année prochaine vous ne serez plus là ! »

Ajoutez à cela que je me coltine, dès le 8 juillet, l'examen au Sénat de la loi portant diverses dispositions d'adaptation au droit de l'Union européenne en matière économique et financière, dite DDADUE. La Haute Assemblée est peuplée de vrais spécialistes de ces questions, comme le socialiste David Assouline, l'UDI Catherine Morin-Desailly ou le LR Jean-Pierre Leleux et je sais qu'ils attendent avec gourmandise la novice à laquelle ne sera épargnée aucune question technique, questions qui seront posées avec le ton doucereux et badin des prédateurs qui guettent leur proie. Nuit blanche à potasser le pensum et il faut déjà se préparer à la négociation budgétaire avec le secrétaire d'État au Budget, épreuve qui exige qu'en quelques heures vous avaliez tous les mécanismes des programmes. Si vous êtes effrayé par l'ampleur de la tâche que représente la mémorisation des arcanes du 131, du 175, du 361 du 224 et autres, vous pouvez laisser la main à votre conseiller budgétaire, vous lui passez la parole et vous tentez de suivre péniblement le déroulé des opérations sur la note de plusieurs dizaines de pages qu'il vous a concoctée. Les technos discutent entre eux et le ministre voit, impuissant, les cadors de la DB, la direction du budget, prendre la main pendant que vous regardez passer les trains. Pas de ça, Lisette. Après les deux nuits blanches sur la DDADUE, je consacre mes nuits suivantes à avaler toute cette mécanique infernale. Si vous passez cet examen avec brio, vous faites partie des ministres à qui on ne la fait pas. Bon, il faut que je sois à la hauteur de ma réputation à Bercy, je dormirai plus tard.

Je n'oublie pas la première réunion de la Commission nationale de l'architecture et du patrimoine où j'affirme dès le 9 juillet que la flèche de Notre-Dame doit être construite à l'identique pour respecter la convention de Venise. Quand je rentre rue de Valois, le cabinet est en stress : l'Élysée rêve d'un « geste architectural » et m'accuse de n'en faire qu'à ma tête. Bon, ce ne sera pas la dernière fois. Je ne regrette pas cette insubordination quand, déjeunant quelques jours plus tard avec Brigitte Macron, elle me montrera un projet culminant avec une sorte de sexe érigé, entouré à sa base de boules en or…

À quoi vous ajoutez plusieurs déplacements en région : Strasbourg, Lille, La Rochelle, Avignon.

Tout cela n'était en fait que zakouskis, et cette cadence infernale continuera pendant ces 682 jours sans trêve ni répit et vaudra à la chefferie de cabinet cette phrase devenue culte, l'ayant lancée tant de fois : « Quel est le con... qui m'a encore pondu une journée de quatorze heures ? » Sans compter les dossiers qu'on emporte pour les travailler dans son lit.

Mais l'essentiel n'est pas là. Durant ces chaudes journées, longues réunions de travail avec les grandes directions générales du ministère, la direction du patrimoine et de l'architecture, la direction à la création artistique, la direction des médias, du livre et des industries culturelles, la délégation générale à la francophonie et à la langue française, le secrétariat général, le Centre national du cinéma, le Centre national du livre, le Centre national de la musique. Tous ont préparé le fameux « dossier ministre » aussi pesant qu'un âne mort et qu'on s'infuse au petit matin, les yeux lourds du manque de sommeil. Il faut aussi compter avec les dirigeants des établissements publics sous responsabilité du ministère et les directeurs régionaux des affaires culturelles. Ce sont les personnes qui font vivre ce ministère et en assurent la continuité. Des personnalités dans leur quasi-totalité remarquables alors que leurs conditions de rémunération et les possibilités d'évolution de carrière nous laissent à la traîne d'autres administrations.

Petit à petit, à travers les contacts avec cette myriade d'acteurs, les pièces du puzzle se mettent en place et dessinent un paysage peu réjouissant. Ce qui saute aux yeux, c'est que je suis à la tête d'un ministère démembré, perclus de clientélisme, tournant comme un guichet à subventions, immédiatement accusé, à la moindre tentative de rationalisation, de trôner entre Attila et Gengis khan.

Mais, en ce mois de juillet, mes préoccupations ne sont pas là. Le monde de la culture se réveille péniblement de l'anesthésie qu'on lui a imposée, les structures et les artistes sont en pleine déprime et les festivals sont particulièrement touchés par les limitations de jauge et les annulations de tournées des artistes internationaux. Il ne s'agit pas de se morfondre en lamentations, mais de monter sur son cheval et de foncer.

Foncer, se battre pied à pied. Et on entre tout de suite dans le dur. Un plan de relance de 100 milliards d'euros a été décidé. Nous nous retrouvons à Matignon autour du Premier ministre et je réalise très vite que Bercy a décidé purement et simplement de plumer le ministère de la Culture. Si, tout de suite, je ne pose pas mes conditions et indique que je ne me laisserai pas faire, jamais je ne pourrai remonter la pente pour mes artistes. Par porteur spécial, j'adresse à Jean Castex la lettre suivante, manuscrite, pour bien signifier qu'elle ne sort pas de la plume de quelque technocrate :

Mon cher Jean,

Tu n'as pas acheté « Roselyne Bachelot » pour être un ministraillon qui, au motif de préserver sa carrière, avale toutes les couleuvres.

Je ne vais pas, dos au mur, expliquer pendant deux ans à un secteur culturel en train de crever qu'on lui jette des cacahuètes à travers la grille du zoo.

Le plan de relance – de sauvetage, devrais-je dire – que j'ai préparé à 2,6 milliards d'euros est loin du compte mais permet de sauver ce qui peut l'être.

Franchement, mettre 30 ou 29 milliards de verdissement ne changera rien. L'affichage d'au moins 2 milliards sur la culture sera un acte fondateur, marqueur du quinquennat et de ton action.

La culture ne mourra pas en silence... et je n'accompagnerai pas cette agonie sans me battre.

Fidèlement,
Roselyne

Le lendemain, Jean Castex me téléphonait pour me dire : « Tu as tes deux milliards ! »

Et, auprès des collègues, une solide réputation d'emmerdeuse...

II.
Un jour sans fin

Décidément, ce mois de juillet 2020 me donne le sentiment d'être montée dans un TGV lancé à pleine vitesse. En vingt-trois jours, réunions de travail en interne, rendez-vous avec le président de la République, le Premier ministre, les collègues ministres avec lesquels il est primordial d'être en interface.

Mon petit déjeuner avec Jean-Michel Blanquer, ministre de l'Éducation nationale, dans le jardin de la rue de Varenne, me laisse pleine d'admiration devant son appétit pantagruélique. Tout en parlant éducation artistique et culturelle, il engloutit œufs brouillés, pain grassement beurré, confitures, viennoiseries, bananes et je pense *in petto* qu'il vaut mieux l'avoir en photo qu'en pension. Cela ne l'empêche pas, comme tout ministre de l'Éducation qui se respecte, de tenter de mettre la main sur les maigres crédits du ministère de la Culture au motif de rationalisation. Le même jour, le dîner avec Frédérique Vidal, ministre de l'Enseignement supérieur, de la Recherche et de l'Innovation, apparaît presque d'une rigueur monacale.

Les cérémonies patriotiques, visites de services, interviews, séances de photos, s'enchaînent. En un mois, il a fallu caler quarante et un entretiens en tête à tête, quinze heures de présence effective au Parlement, pas moins de cinq déplacements en région, vingt-cinq déjeuners, dîners ou cocktails officiels, quatre Conseils des ministres, six représentations théâtrales, etc. Et tout cela s'accélérera de façon démentielle tout au long de ces 682 jours. Un jour un ami m'a demandé, incrédule :

— Mais au fait, c'est quoi la journée d'un ministre ? C'est vraiment la galère ?

J'ai levé les yeux au ciel, accablée.

Ah ! j'ai oublié les inévitables aléas et les dysfonctionnements qui amènent à démonter et remonter l'agenda...

11 juillet 2020

Ça gueule fort !

Dans ce rythme effréné, il s'agit aussi de gérer les piles de dossiers urgents qui s'entassent sur mon bureau. Ce qui me préoccupe au premier chef est bien de sauver le monde de la culture complètement asphyxié par les fermetures des salles de spectacle. Il faut bien sûr gagner de lourds arbitrages financiers mais aussi débloquer de multiples grippages administratifs dont notre pays a le secret. Un exemple parmi tant d'autres : si Franck Riester a bien obtenu la prolongation des droits au chômage des intermittents du spectacle par une ordonnance en date du 25 mars 2020, toute la mécanique relève du ministère du Travail, qui doit prendre un décret pour rendre la mesure opérationnelle. Celui-ci est resté embourbé dans les services de Muriel Pénicaud, remplacée quelques jours auparavant par Élisabeth Borne. La colère monte dans le milieu culturel, qui a le sentiment, à juste titre, qu'on lui a raconté des craques…

Depuis notre arrivée, ma dircab téléphone tous les jours aux services du Travail. *Caramba*, incroyable, on ne retrouve pas le décret ! Il n'y a plus qu'une solution : traiter directement avec la nouvelle ministre du Travail en lui tirant la manche lors de la grande réunion de ministres qui se tient le 11 juillet à l'auditorium Marceau-Long, rue de Ségur. Curieux de pénétrer dans ce bâtiment qui était le siège du ministère de l'Écologie lorsque j'en fus la titulaire, de 2002 à 2004 ! Bâtiment retrouvé en 2010, puisque le ministère de la Santé y avait été transféré pour cause de travaux. Ce jour-là, comme dans le film *Un jour sans fin*, c'est comme ministre de la Culture que j'en franchis le seuil !

Me voici obligée, avec Élisabeth, de régler des questions qui relèvent de ses services, alors que nous devons surtout parler stratégie. Mais, dans ce pays, les ministres en sont souvent réduits à ce moyen…

— Élisabeth, tire-nous de la mouise… c'est totalement fou, presque quatre mois pour prendre le décret intermittent. Ça gueule fort. Plusieurs dizaines de milliers de personnes sont dans l'angoisse. On doit les comprendre.

Calme, sans sourire, Élisabeth fronce les sourcils :

— Je m'en occupe !

La future Première ministre ne craint personne au niveau de l'efficacité et du respect de la parole donnée. Deux jours après, le décret reprenait son chemin vers le Conseil d'État et sortait le 29 juillet. Par la suite, elle a toujours été à mes côtés sur ce dossier, toujours rigoureuse mais d'une humanité dont je me suis toujours demandé pourquoi elle tenait tant à la dissimuler…

Il faut l'avouer, son premier abord est froid, sa voix rocailleuse se fait un peu cassante. Mais, dans le feu de la conversation, son sourire est généreux, sa parole ferme et rassurante, avec parfois une pointe d'ironie. Une seule exigence : ne pas lui marcher sur les pieds. Je l'ai appris à mes dépens quelques mois plus tard lors d'une discussion à l'Élysée sur le plan « France 2030 ». À mon tour de présenter mon plan d'investissement en studios de tournage et en structures de formation, j'insiste sur le fait que les modalités actuelles de l'apprentissage ne sont pas adaptées aux tournages audiovisuels. À peine la réunion terminée, je me fais sérieusement avoiner :

— Je te rappelle que l'apprentissage relève de mes responsabilités et que c'est à moi de gérer cela.

Houla, j'avais mis un quart d'orteil dans son couloir ! J'ai ramé pour lui expliquer que c'était une alerte des professionnels sur des difficultés rencontrées et qu'il n'était pas question pour moi de gérer ses dossiers. La balle n'était pas passée loin.

Entre nous, la complicité est aussi venue de la maladie. Chacune a eu une Covid très lourde. L'épreuve de l'hospitalisation nous a rapprochées. Je me souviens des messages que nous avons échangés de nos lits respectifs, accablées par le souffle court, un poids sur la poitrine. Toute son empathie était là, dans ces mots de soutien, avant de penser à son propre sort. Mon regard sur cette femme énergique en a été changé.

18 juillet 2020

Quelle bronca !

Alors qu'au petit matin le TGV nous emmène vers Lille, les sonneries des portables de l'équipe crépitent. La cathédrale Saint-Pierre-et-Saint-Paul de Nantes est en feu, l'orgue et la rosace de la façade ouest sont détruits. D'autres destructions sont à déplorer : un tableau d'Hippolyte Flandrin, des stalles et la cathèdre de Mgr Le Coq, l'évêque qui inaugura la cathédrale après quatre cent cinquante-sept ans de travaux. Pas question de ne pas être sur place. J'avais pourtant voulu réserver une de mes premières visites ministérielles à Lille et à sa maire, Martine Aubry, que j'apprécie et dont je partage le goût immodéré pour la culture, la bonne bouffe et les formules à l'emporte-pièce. La scène va tourner au gag. Martine m'attend sur le quai, elle n'a pas oublié de m'apporter une boîte de gaufres Méert, la délicieuse friandise de la rue Esquermoise. On s'embrasse. Martine m'assure – et je sais que c'est vrai, car elle n'est pas du genre à faire des salamalecs sucrés : « Ta nomination m'a fait plaisir ! »

Juste le temps de boire au Buffet de la gare un café, de lui promettre de revenir et je remonte dans un train qui repart ! À l'arrivée à Paris, le ministre de l'Intérieur, Gérald Darmanin, me propose de m'emmener par hélicoptère car il n'y a plus de train pour Nantes avant 17 heures, alors que le Premier ministre sera sur place à 14 heures ! Gérald a été contraint de choisir ce moyen de transport fort peu écologique, mais parfois indispensable, car il a été retenu à Beauvau par une importante réunion.

Mes amis, quelle bronca !

À l'aéroport de Nantes, je suis repérée à la descente de l'hélicoptère, dénoncée, les réseaux sociaux s'enflamment et fustigent les « caprices d'une ministre ». Les internautes et même des journalistes me comparent à Marie-Antoinette... À bon entendeur, salut : selon eux, il eût mieux valu que je laisse l'hélico à demi vide, prenne le train et arrive – sans mauvais jeu de mots – à la fumée des cierges.

Rétrospectivement, je ne peux m'empêcher de penser à la décision ridicule de François Hollande, qui, pour faire écolo, avait décidé au début de son mandat de prendre le Thalys pour aller aux Conseils européens à Bruxelles. En fait, la rame, après avoir subi avant le départ une visite de déminage, restait deux jours à quai, gardée par plusieurs policiers. Par ailleurs, le Falcon présidentiel volait à vide vers Bruxelles pour pouvoir ramener le président en cas d'urgence... Reconnaissons que François Hollande a quand même assez vite renoncé à ce genre de billevesées.

Au-delà de cet incident, pendant plusieurs nuits, les images de cathédrales en feu hanteront mes pensées. J'étais déjà à proximité de Saint-Pierre-et-Saint-Paul en janvier 1972, à Nantes, où je vivais alors. Je revois les flammes, les cris des badauds, les pleurs, les fidèles priant à genoux, la foule applaudissant les soldats du feu concentrés, sans un mot sauf les ordres brefs du commandement. Et puis exactement les mêmes scènes, le 15 avril 2019, lorsque des foules ébahies et incrédules regardent Notre-Dame en flammes ; les cantiques entonnés même par ceux qui ne croient pas au ciel, la clameur endeuillée lorsque la flèche s'effondre...

Si, depuis les lois du 9 décembre 1905 et du 2 janvier 2007, les églises sont la propriété des communes, quatre-vingt-six cathédrales – auxquelles il convient d'ajouter deux basiliques et l'église Saint-Julien de Tours – sont restées la propriété de l'État. Elles le doivent à leur intérêt patrimonial majeur et cette prise en charge ne suscite guère de contestation, même chez les laïcards les plus acharnés. L'incendie de Notre-Dame a entraîné la révision de toutes les procédures de sécurité et un plan d'action « Sécurité cathédrales » a été élaboré par notre direction des patrimoines et de l'architecture à la demande de Franck Riester, en avril 2020. Ce fut l'occasion d'une revue des pratiques, qui a montré des failles géantes dans la protection de ces édifices emblématiques. Outre les actes de malveillance caractérisés – ce qui est précisément le cas pour l'incendie nantais en 2020 –, on retrouve systématiquement les mêmes causes des sinistres : des installations électriques défectueuses, des travaux de réfection mal exécutés avec des combustions lentes non détectées, un manque de coordination entre les intervenants du chantier, le non-respect des consignes. En amont, on constate que les carences en matière de surveillance humaine sont massives, que, début 2020, seuls treize plans de sauvegarde ont été réalisés. En fait, les parties prenantes (clergé affectataire, préfectures, départements, communes) ignorent les documents essentiels de sécurité. Bref, le diagnostic est sans appel : ces incendies signent des carences majeures dans le pilotage de la sécurité de ces joyaux artistiques que sont nos cathédrales et cela depuis un siècle.

Mais, à la décharge des responsables politiques et religieux, il faut reconnaître qu'une cathédrale est une structure quasi impossible à sécuriser totalement. Extrême hauteur de parties sommitales, qui restent inaccessibles[1], matériaux hautement inflammables tels le bois des charpentes, l'étain et le plomb des toits et des buffets d'orgue, le plomb des vitraux, impossibilité de dépoussiérage, obligation de laisser les lieux accessibles aux fidèles et aux touristes en toute liberté sans billetterie et sans structures de sécurité, déchristianisation et crise des vocations religieuses alors que les clercs et les laïcs assuraient l'entretien et la surveillance…

J'hérite là encore d'un dossier hautement polémique qui tombe sur mes épaules, et j'ai le sentiment d'être Hans Brinker, le jeune héros de Harlem qui essayait de contenir avec ses petits doigts les fuites dans la digue menaçante. Pas de doute, il va falloir des sous et surtout une mobilisation active de tous les acteurs.

Dans mon esprit aussi, ça chauffe. Pour nos cathédrales, aux 40 millions annuels habituels, nous rajouterons 10 millions sur les crédits courants du ministère et 80 millions sur le plan de relance que je suis déjà en train de négocier avec Bercy. Au total, quarante-sept cathédrales vont être sécurisées et restaurées. Tout au long de ces 682 jours, j'irai les visiter de Chartres à Beauvais, de Saint-Denis de La Réunion à Clermont-Ferrand, de Nevers à Bourges ou Albi. Chaque fois que je verrai à l'entrée le panneau « France Relance », la phrase de Muriel Barbery résonnerait dans mon esprit : « Les cathédrales ont toujours éveillé en moi ce sentiment proche de la syncope que l'on éprouve face à la manifestation de ce que les hommes peuvent bâtir à la gloire de quelque chose qui n'existe pas[2]. »

C'est sans doute cela qui m'a fascinée, malgré ou à cause de mon agnosticisme revendiqué : cette prodigieuse et majestueuse construction faite finalement de plus de spirituel que de matériel. Et puis, mon histoire veut que mon père, alors que je n'avais que quelques heures – je suis née le 24 décembre à minuit –, m'enveloppa chaudement en ce jour de Noël 1946, sonna à la porte du presbytère de l'évêque de Nevers en lui demandant de m'ondoyer. Le prélat, ému, lui dit : « Je n'ai jamais baptisé un enfant aussi petit… »

L'évêque enfila son manteau et, avec Papa, prit la direction de la cathédrale et de ses fonts baptismaux.

C'est dans une cathédrale que j'ai donc effectué ma première sortie « officielle ». Il fallait sans doute y voir un signe du destin.

30 juillet 2020

Le vaisseau amiral prend l'eau

Parmi les dossiers les plus emblématiques et cruciaux est sans nul doute celui de l'Opéra de Paris, mon « cher » Opéra de Paris. Dans le milieu de la culture, mes goûts pour la musique lyrique sont connus. Présidente d'honneur du magazine web *Forum Opéra*, pour lequel je commettais des éditoriaux, j'ai écrit une biographie de Verdi[3] et tenais une chronique hebdomadaire consacrée à l'art lyrique tous les samedis sur France Musique[4].

L'opéra, ce n'est pas un goût que j'ai acquis dès l'enfance, mes parents étaient d'origine trop modeste pour cela. À Noël, nous allions au théâtre d'Angers écouter Marcel Merkès et Paulette Merval chanter *Rose-Marie* ou *Violettes impériales*. Bien plus tard, j'avais presque 30 ans, un ami m'a emmenée au Festival de Vérone et là, ce fut un véritable choc amoureux. Il faut dire que c'était l'opéra, le vrai, le populaire, les spectateurs qui cuisinent sur des réchauds, allument briquets et bougies au moment des airs les plus célèbres, interpellent le ténor, en réclament un bis. À la fin de *Rigoletto*, on pouvait voir le baryton Leo Nucci bondir sur les gradins et embrasser des admiratrices extatiques. Foin des mises en scène misérabilistes où des chanteurs, habillés comme les Deschiens, travaillent à la chaîne dans des décors d'usines dévastées. À Vérone, Franco Zeffirelli régale le peuple avec un cadre somptueux où l'or dégouline et des chanteurs magnifiquement habillés en costumes d'époque. Je soutiens que l'opéra est un vrai spectacle populaire et que c'est une erreur profonde de l'avoir trop souvent transformé en des happenings foireux appréciés d'élites qui peuvent s'offrir des sensations fortes avec des billets aux prix déments.

Dès mon arrivée, j'avais été interpellée par un journaliste sur un mode acrimonieux et polémique :

— Évidemment, vous allez vous occuper en priorité de l'Opéra de Paris !

Sous-entendu : vous allez vous soucier de ce que vous aimez et pas du reste. Il y a des gens qu'il faut se retenir de ne pas gifler tant la mesquinerie le dispute à la sottise.

Eh oui, je vais m'occuper en priorité de l'Opéra de Paris, non seulement parce que j'aime le lyrique mais parce qu'il est le vaisseau amiral du spectacle vivant français, considéré par beaucoup comme le meilleur opéra du monde et que sa situation est particulièrement dramatique, mélangeant comme toujours questions subalternes, dossiers structurels non résolus depuis plusieurs années, et difficultés conjoncturelles sociales et financières. La crise pandémique a succédé à un mouvement social particulièrement dur causé par la perspective de la réforme des retraites défendue par Édouard Philippe. Entre décembre 2019 et janvier 2020, soixante-quatorze spectacles ont été annulés, causant une perte de plus de 15 millions d'euros. Avec la Comédie-Française, l'Opéra de Paris et ses mille huit cent soixante-quinze salariés bénéficient d'un « régime spécial » fondé en 1698 par Louis XIV, régime qui a donc été dans le viseur du précédent gouvernement et qui veut que les danseurs partent à la retraite à 42 ans et les choristes à 50 ans. Si un certain nombre de régimes spéciaux méritent qu'on s'interroge sur leur légitimité, personne de sérieux ne peut soutenir qu'un danseur ou qu'un choriste puisse encore exercer à 60 ans ! Il en est de même d'ailleurs pour beaucoup d'instrumentistes. Il faut absolument maintenir ce système : il en va de la qualité et de la renommée de la Grande Boutique[5]. Ou alors il faut proposer un vrai parcours professionnel alternatif à ces artistes, sauf que rien de tel n'est prévu dans la réforme. J'avais indiqué dès mon premier entretien avec le président de la République combien ce projet était hasardeux et qu'il convenait de l'abandonner.

Après sept semaines de grève, les représentations reprennent clopin-clopant fin janvier. Mais un malheur n'arrive jamais seul. 8 mars : interdiction des spectacles de plus de mille personnes ; 13 mars : de plus de cent personnes[6]. La maison ferme ses portes et comme décidément les emmerdements volent en escadrille, elle n'a plus de patron. Le directeur général, Stéphane Lissner, ayant atteint la limite d'âge, devait terminer son dernier mandat fin août 2021. Le nouveau directeur, Alexander Neef, patron de la Canadian Opera Company de Toronto, avait été nommé directeur « préfigurateur » en juillet 2019, assurant un tuilage qui permettait une passation de pouvoir en douceur. Incroyable déconvenue : Stéphane Lissner annonce le 8 octobre 2019 qu'il prend la direction du San Carlo de Naples et qu'il démissionnera de la direction de l'ONP (Opéra national de Paris) le 1er janvier 2021, avec sept mois d'avance.

L'affaire est désastreuse. Alors que le vaisseau amiral de la culture française prend l'eau de toutes parts, accumule les déficits, évalués à 110 millions d'euros sur la période 2020-2022, se trouve au pied d'un mur d'investissements qui demandent à être réétudiés et se confronte à un climat social totalement altéré, il n'y a plus de capitaine à bord pour gérer une crise monstrueuse.

Il n'y a qu'une solution : obtenir que Lissner parte effectivement dès que j'aurai pu arracher Neef des griffes de Toronto. Au passage, certains se demandent à quoi servent les ministres. Eh bien, une fois de plus, comme pour l'année blanche des intermittents, à tenter tous les jours d'empêcher les trains de dérailler !

C'est ce à quoi je vais m'employer en débranchant Stéphane Lissner et en négociant en visioconférence pied à pied avec Jonathan Morgan, le président du conseil d'administration de la Canadian Opera Company. Je laisse quelques plumes dans l'affaire, allant même jusqu'à promettre à Jonathan Morgan que je me rendrai à Toronto et que l'ONP pourrait mettre gracieusement à disposition de la Company quelques productions. Les promesses n'engagent que ceux qui les écoutent… Le plus important est de régler tout cela en « sous-main » pendant la période estivale pour pouvoir passer au sauvetage de fond de cette maison si précieuse.

Le 1er septembre, dans le salon des Maréchaux, je peux ainsi annoncer à des auditeurs incrédules que j'ai réussi cette première phase et que je suis « prête à tenir la barre pour traverser une tempête qui n'a rien à envier à celles du Vaisseau Fantôme » :

> Pour rester dans le registre wagnérien, et puisque cette saison aurait dû démarrer par un *Ring* très attendu, je me trouve aujourd'hui dans la situation de la Norne qui, au prologue du *Crépuscule des dieux*, veille à ce que le long fil du destin de l'Opéra de Paris ne rompe pas : « La nuit cède, je n'aperçois plus rien ; je ne trouve plus les fils de la corde, la tresse est entrenouée ! »
>
> […]

> La corde ne doit pas se rompre. J'ai donc demandé à Stéphane Lissner, qui l'a accepté, de mettre un terme anticipé à son mandat de directeur général, afin de lui permettre de se consacrer pleinement à ses nouvelles responsabilités à la tête du San Carlo de Naples, mais surtout de permettre à son successeur, Alexander Neef, de prendre ses fonctions non pas le 1er septembre 2021, ni même le 1er janvier 2021, mais dès ce mardi 1er septembre 2020 !
>
> […]
>
> Vous pouvez compter sur moi. Je ne laisserai pas tomber l'Opéra national de Paris, et je suis déterminée à vous aider pour le sortir de l'ornière. J'assumerai mes responsabilités.

Cette dernière phrase est bien celle qui doit nous guider. Les intermittents et la protection des artistes et des techniciens en cette crise pandémique incroyable, les cathédrales et en toile de fond le majestueux patrimoine de notre pays secoué par des transitions de toute nature, l'Opéra de Paris et là encore toutes les structures privées ou publiques du spectacle vivant en état de chaos moral, social et financier, je n'ai pris que ces trois exemples de mes premières semaines d'exercice, mais chacun d'eux aurait mérité que je m'y consacre à temps plein. C'était impossible évidemment mais, durant ces deux ans, un sentiment de frustration et même de culpabilité ne m'a pas quittée devant l'ampleur de la tâche à assurer, des défis à affronter, des malheurs à soulager avec cette impression lancinante de vider la mer à la petite cuillère.

Je n'ai jamais voulu sacrifier les hommes à la pierre, le spectacle vivant au patrimoine. Comme mes prédécesseurs, je sais qu'il faut tenir ces deux termes de l'action. J'aime l'idée qu'ils sont conciliables. Quand, quelques mois plus tard, nous monterons la grande commande culturelle publique « Mondes nouveaux », nous le ferons avec la participation du CMN, le Centre des monuments nationaux, et du Conservatoire du littoral. Si nous ne croyons plus assez en Dieu pour le célébrer dans les églises et les cathédrales, allons-y pour faire du jazz ou jouer de l'opéra. Dieu, s'il existe, nous pardonnera. Michel-Ange, au plafond de la Sixtine, a représenté le doigt de l'homme qui se tend sans l'atteindre vers la main de Dieu. Dans cet espace minuscule et infini, il ne peut y avoir qu'une chose : de la musique.

« Sans la musique, la vie serait une erreur », disait Nietzsche. Je me suis employée à maintenir nos existences dans le vrai.

III.

Winter is coming[1]...

Tout au long du mois de juillet, pour un peu, on avait eu l'impression que la crise pandémique était terminée ou du moins qu'elle en était à ses derniers soubresauts. Certes, les festivals, qui étaient autorisés à reprendre à mi-juillet, avaient annulé, faute de pouvoir surmonter les difficultés logistiques et, pour la plupart, les manifestations culturelles et sportives étaient interdites jusqu'en septembre, mais, telle la Belle au bois dormant, la culture détendait ses bras endoloris et se préparait au réveil. Après la réouverture des musées début juillet, le 22, c'était au tour des cinémas dans une ambiance joyeuse. Dans les réunions de travail qui se succédaient au ministère, les principales questions tournaient autour des modalités de retour à la « normale » et des aides nécessaires pour retrouver des marges financières pour surmonter la crise. La célébration du 14 Juillet avait été l'occasion d'exprimer la gratitude de la nation aux soignants, comme on célèbre les soldats victorieux à la fin d'une guerre. Tout le monde voulait passer à autre chose.

14 août 2020

« Si vous ne le faites pas, je me tire »

J'avais pris en août quelques jours de vacances sur ma chère côte basque. Comme toujours, mes vacances ministérielles sont des quarts de congés émaillés d'engagements avec des élus locaux comme mon ami Claude Olive, le dynamique maire d'Anglet, la nouvelle maire de Biarritz, Maider Arostéguy. Matinée de travail avec le maire de Saint-Jean-de-Luz, qui me présente son projet de salle de spectacle. Tous trois insistent beaucoup sur les difficultés à faire observer les gestes barrières et les mesures de précaution. Je ne peux que constater la chose en voyant les bistrots bondés, les jeunes en grappes sur la plage. Les habitants « à l'année » se plaignent du tapage de jeunes estivants qui organisent des beuveries jusqu'à l'aube sur les terrasses des locations.

— On n'a jamais vu ça, madame la ministre, ça loue un deux-pièces, y z'arrivent avec leurs valises à roulettes à pas d'heure ! Les gosses sont réveillés et ça met la musique à fond la caisse jusqu'à 6 heures du mat'… J'vous jure y sont au moins vingt dans un studio !

Et il n'y a pas que les « d'jeun's » qui pètent les plombs ! Je vais même pousser un gros coup de gueule en allant remettre le prix littéraire Maison-Rouge à

Biarritz. Presque tous les invités sont sans masque, collés-serrés. J'éructe en avisant un responsable :

— Dites à tout ce joli monde de mettre un masque !

— Mais, mais, c'est difficile de demander cela...

— Ce n'est pas difficile et ce n'est pas un problème puisque si vous ne le faites pas, je me tire...

L'annonce est passée. En maugréant, les participants s'exécutent et je peux remettre son prix à Dorothée Janin pour son beau récit *L'Île de Jacob*[2].

Par curiosité, j'ai regardé les photos de la réception sur le site internet du prix. Dès que j'ai eu tourné les talons, les invités avaient quasiment tous ôté leur masque. *Caramba*, encore raté ! C'est bien là le problème psychologique que nous avons rencontré tout au long de ces deux ans : les mesures de prévention ont été stupidement vécues comme des diktats sans queue ni tête, imaginées par des technos dans le seul but d'exercer un pouvoir imbécile et d'emmerder les Français.

D'autres observaient strictement les consignes mais la rage au ventre. Je le vérifie en allant à la rencontre d'artistes comme Thierry Malandain, le patron du Ballet Biarritz. Derrière la politesse convenue à l'égard de la représentante de l'État, principal financeur de l'institution, on sentait beaucoup d'exaspération et de frustration. Thierry Malandain me fait remarquer que les mesures sanitaires de distanciation sont strictement respectées et je l'en félicite. Mais comment fait-on pour danser un pas de deux sans se toucher ? S'il fallait résumer l'ambiance : le ras-le-bol !

Avec mon équipe, malgré cette courte période de pause, nous n'étions pas tranquilles. Long coup de téléphone tous les soirs avec Sophie Justice, ma directrice de cabinet, pour faire le point. Une voiture amène les dossiers et les parapheurs urgents tous les deux ou trois jours, à moins que je ne donne expressément l'autorisation d'utiliser la « roselynette », nom que j'ai donné dans toutes mes fonctions ministérielles à la machine à signer.

Le 11 août, en téléphonie cryptée : premier Conseil de défense d'une série qui va rythmer notre vie pendant deux ans. Les clignotants de contamination sont en train de passer au rouge en particulier dans le Sud-Est, mais aussi à Paris. Pas bon du tout.

De toutes petites respirations font retomber la vapeur : un concert avec Alexandre Kantorow. Et notre dîner de vacances rituel avec Bruno Le Maire. Les copains se battent pour faire partie de la dizaine de *happy few* que je réunis chaque fois pour échanger avec le ministre des Finances. « Échanger » est d'ailleurs un bien grand mot. Bruno met tout le monde dans sa poche par des formules ciselées qui n'épargnent personne. Nos collègues du gouvernement n'échappent pas à l'essoreuse. Mais, désolée, vous n'en saurez pas plus et il n'y a guère que moi pour le mettre en boîte et passer la parole à Pauline, son épouse et talentueuse artiste peintre.

Tous ces moments délicieux n'effacent pas le sentiment d'une catastrophe imminente. Je ressentais la même chose lors de courses en montagne, ce silence habité d'une imperceptible trépidation juste avant que la foudre ne tombe…

J'avais raison d'être paranoïaque. À ma rentrée d'Anglet, comme si nous voulions engranger le maximum de prises, les rendez-vous, les déplacements, les réunions, les spectacles se multiplient dans des journées démentes. Le cabinet est sur les dents. On saute d'un concert chez William Christie à Thiré, dans le Sud-Vendée, au festival Rock en Seine, de Palmade au théâtre du Marais à la Comédie-Française, du dîner de la presse organisé par *L'Humanité* au Conseil européen des ministres à Berlin. Lever aux aurores et coucher à plus de minuit.

Tout au long du mois, la conférence de presse hebdomadaire d'Olivier Véran se fait à juste titre de plus en plus alarmiste. Marseille est en première ligne et passe en zone d'alerte maximale. Le gouvernement décide fin août d'y fermer les bars, les restaurants et certains établissements recevant du public mais pas les lieux de culture dotés d'un protocole sanitaire. Ouf, la balle n'est pas passée loin. Le pauvre Olivier est l'objet d'une attaque incroyable de la part des élus marseillais, tous unis dans la fronde « anti-parisienne » pour l'accuser de la façon la plus vile de mener une campagne anti-Marseille au motif qu'il s'agirait d'une revanche contre la gauche victorieuse aux municipales[3] ! Plus con, c'est difficile à imaginer. Tout au long de cette pandémie, j'ai observé Olivier Véran avec plus que de la sympathie, avec une véritable admiration affectueuse. J'étais passée par là dix ans auparavant, la rage au ventre devant les donneurs de leçons qui se vautrent dans les charmes de la lucidité *a posteriori*, les hypocrites qui vous soutiennent en chuchotant et vous défoncent sur les estrades, les salauds qui vous accusent de collusion avec les laboratoires pharmaceutiques, les élus locaux qui demandent les pleins pouvoirs et qui refusent de les assumer si on les leur donne, les gourous foireux, les journalistes qui ont appris la médecine dans une pochette-surprise, les opposants politiques qui, après vous avoir accusé d'en faire trop, vous accusent de ne pas prendre la dimension de la crise… ou l'inverse ! Les collègues méfiants et ceux qui font fuiter à la presse des propos tenus sous la confidentialité, les collaborateurs épuisés, les proches qui en prennent plein la figure, les soignants et les artistes au bout du rouleau, le président de la République ou le Premier ministre qui vous appellent en pleine nuit histoire de se rassurer et de bien pourrir votre capacité de récupération. Cela peut même être pour vous féliciter : « Très bien ce soir au JT ! » Et dire qu'on va mettre deux heures à se rendormir et que l'officier de sécurité sera à 7 h 30 devant votre porte.

22 septembre 2020

Un sacré medley !

Un joli moment que celui du dîner avec Emmanuel Macron et des professionnels de la culture. À l'apéritif, nous nous attardons sur la terrasse avec une douzaine d'acteurs du monde des arts. Le duo Toledano-Nakache représente le cinéma ; le spectacle vivant, lui, a deux stars, Stanislas Nordey et Wajdi Mouawad. Nous échangeons par billets pendant le dîner :

— Je suis une fan de Wajdi !

— Moi aussi, me répond le président. Je l'avais vu pendant le confinement. Une magie.

Sans compter l'actrice Norah Krief et la circassienne Camille Decourtye, la musique a réquisitionné l'organiste Sébastien Daucé, la soprano Sabine Devieilhe et le rappeur Abd al Malik ; les arts plastiques l'installationniste Laurent Grasso et la designer Constance Guisset – elle est géniale – ; et, en guise d'assaisonnement, un écrivain-philosophe, Aurélien Bellanger. J'avoue être un peu étonnée par ce casting copieux, susceptible de créer des frustrations si chacun n'a pas l'occasion de vraiment s'exprimer. Un sacré medley, mais chacun va trouver son moment. Ce qui est très sympathique chez Emmanuel Macron est qu'il donne à ses interlocuteurs un puissant sentiment d'écoute.

Par ailleurs, il ne me met pas à l'étouffoir et me passe la parole directement dès le début du dîner et me laisse conclure. La soirée se termine sur le perron de l'Élysée avec la compagnie rivalisant dans les citations d'Audiard, Emmanuel Macron montrant une culture intarissable en ce domaine. La scène culte de la cuisine dans *Les Tontons flingueurs* est massivement convoquée mais pas que et les phrases d'Audiard prennent une saveur particulière dans le contexte politique insensé que nous vivions :

« Les cons, ça ose tout, c'est même à ça qu'on les reconnaît. »

« La justice, c'est comme la Sainte Vierge, si on ne la voit pas de temps en temps, le doute s'installe. »

« Je suis ancien combattant, militant socialiste, patron de bistrot. C'est dire si, dans ma vie, j'ai entendu des conneries. »

« Dans la vie, il y a deux expédients à n'utiliser qu'en dernière instance : le cyanure et la loyauté. »

« C'est une habitude bien française que de confier un mandat aux gens et de leur refuser le droit d'en user. »

Quant à plus de 23 heures, les yeux lourds de sommeil, je quitte l'Élysée, je le laisse en pleine discussion avec nos artistes agglutinés autour de lui.

9 septembre 2020

Jacques Brel ou Juliette Gréco ?

À la rentrée de septembre se met en place une configuration nouvelle dans la machinerie étatique. Un Conseil de défense destiné à gérer la pandémie se tient à 9 heures le mercredi et précède à l'Élysée le traditionnel Conseil des ministres, les deux instances étant menées par le président de la République. Le Conseil de défense, lui, est donc véritablement l'organe exécutif dans cette crise sanitaire. N'y assistent que les ministres directement concernés et, autour de la table, siègent également de hauts fonctionnaires sollicités sur les questions techniques et qui ne prennent la parole qu'à la demande du président. Pendant que se déroule cette réunion, les ministres qui n'y sont pas invités attendent le Conseil des ministres dans le salon Gris, adjacent, en pestant devant un retard parfois de plus d'une heure les condamnant à poireauter en engloutissant force viennoiseries avec le sentiment – justifié d'ailleurs – qu'ils ne sont plus que des seconds couteaux. Si le Conseil des ministres se déroule classiquement (partie A, les lois et décrets ; B, les nominations ; et C, les communications des ministres, exercices purement formels puisque tout a été visé auparavant par les services de la présidence et de Matignon), une nouveauté notable apparaît : de même que le ministre des Affaires étrangères ouvre depuis toujours le bal de la partie C en faisant le point hebdomadaire sur la situation internationale, Olivier Véran est sollicité chaque semaine pour dresser le tableau de la pandémie et indiquer les décisions sanitaires prises. Personne ne se risque à moufter. Mais l'originalité réside surtout en un propos introductif du président très politique et même parfois véhément qui sonne comme une feuille d'éléments de langage quand il ne s'agit pas d'une véritable engueulade.

Pour débroussailler cette séquence, le mardi soir, la cellule interministérielle de crise s'est tenue sous la férule de Jean Castex. Avec Jean, l'atmosphère est bon enfant, parfois même un peu désordonnée, mais nous, les ministres, avons le sentiment que c'est là que nous sommes le plus considérés et le mieux écoutés. Quand le Premier ministre avait arbitré entre nous, nous savions que c'était la position qu'il défendrait en Conseil de défense.

Cette triade Cellule de crise-Conseil de défense-Conseil des ministres est en fait rationnelle, même si elle a suscité beaucoup d'interrogations et de critiques. Pendant la pandémie de 2009, point de Conseil de défense, ni de cellule de crise. Les protagonistes, ministres et fonctionnaires (deux fois moins nombreux), se réunissaient dans le salon Vert, qui jouxte le bureau présidentiel, le soir, vers 18 heures, pour une réunion informelle nommée « point de situation ». Les décisions sur la pandémie, en particulier les achats de vaccins, ont toutes été prises dans ce format et n'étaient même pas évoquées au Conseil des ministres. Ce découplage n'avait pas que des inconvénients.

Pendant plus d'une année, ces trois réunions – parfois fort longues – vont rythmer la vie de l'exécutif, d'autant qu'elles sont précédées de multiples consultations, échanges, discussions entre les ministres, les cabinets et les services. Pour respecter les consignes sanitaires, elles se tiennent en format restreint à l'Élysée ou à Matignon, les autres participants étant répartis dans divers lieux avec des systèmes de transmission sécurisés. Le 9 septembre, se tient donc notre premier Conseil des ministres en format trio, Gérald Darmanin, Éric Dupond-Moretti et moi-même dans la *war room* du ministère de l'Intérieur. Je dois avouer que, malgré la solennité des lieux et la gravité de la crise, ces conseils délocalisés ont été des moments d'amitié et de lâcher-prise incomparables. Hors de portée des caméras, le maître d'hôtel avait servi œufs brouillés, club-sandwichs et café bouillant et, tout en écoutant la communication d'une secrétaire d'État qui ânonnait péniblement le compte-rendu de son action, nous allions recharger les accus. Pour être tout à fait honnête, il nous est arrivé de couper le micro en sortie salle et d'entonner, à l'initiative de Gérald, une chanson de Jacques Brel, le premier flic de France en connaissant par cœur tout le répertoire. Nous ne sommes pas arrivés à éteindre un débat né entre nous au cœur de l'hiver : qui chante le mieux *J'arrive* ? Brel ou Gréco ? Quant à Éric, il nous a régalés avec quelques histoires de prétoire ou de prison tout à fait inénarrables. Rien n'a fuité de nos sorties de route, même si je suis persuadée que des micros espions devaient bien être cachés quelque part...

Premier prolégomène de la séquence d'emprisonnement de la culture : le 13 septembre, le gouvernement annonce que l'interdiction des rassemblements de plus de cinq mille personnes est prolongée jusqu'au 30 octobre. J'avais deux idées en tête qui vrillaient ma caboche : obtenir le maximum de dérogations aux fermetures des lieux de culture et le maximum d'argent pour les artistes.

C'est curieux, ce sentiment qui habite les ministres, comme si, tel Ben Hur, nous conduisions un char avec des chevaux fougueux qui partent dans tous les sens et tentions de donner de la cohérence à un mélange improbable de grands sujets structurants et de petits problèmes quotidiens, les derniers étant susceptibles de vous envoyer dans le décor beaucoup plus vite que les thèmes prestigieux.

21 octobre 2020

We're one – « Nous ne faisons qu'un »

Pourtant la vie continuait, les marronniers classiques, loi de finances, questions au gouvernement, auditions, interviews, remises de décorations, rendez-vous, Conseil des ministres européens, réception de dignitaires étrangers, participation à des événements emblématiques et incontournables. Sur ce limon des obligations et des tâches monstrueuses qui sont le quotidien des ministres surgissaient des moments pour l'Histoire.

L'odieux assassinat de Samuel Paty nous sidère et la cérémonie d'hommages à la Sorbonne embue nos yeux de larmes. Tous masqués, éloignés les uns des autres par les consignes de distanciation, nous écoutons le discours émouvant d'Emmanuel Macron. Il rappelle Jean Jaurès, qui disait que l'instituteur devait allier fermeté et tendresse et que sa mission était de faire des républicains. Samuel Paty était bien devenu le visage de la République. La chanson de U2 *One* s'élève doucement :

We're one. [« Nous ne faisons qu'un. »]
But we're not the same. [« Mais nous sommes différents. »]
We get to carry each other. [« Nous devons nous soutenir. »]

Oui, ce soir-là, autour du cercueil de ce hussard de la République assassiné, nous ne faisions qu'un.

Évidemment, ça n'a pas duré.

D'autres, à défaut d'émotion, mobilisent une énergie considérable. Négociation par visio tard dans la nuit avec les patrons de Netflix et de Disney sur la contribution des plateformes à la création audiovisuelle française. Première lecture du projet de loi sur la restitution d'œuvres au Bénin et au Sénégal. Première édition des états généraux des festivals, etc.

J'avais donc raison de me méfier : *Winter is coming...*

Petit à petit, la montée inexorable des contaminations, l'engorgement des lits de réanimation, l'absence d'une perspective prochaine de vaccination nous plongent dans l'angoisse. 14 octobre : l'état d'urgence sanitaire est annoncé, couvre-feu en Île-de-France et dans huit métropoles. Le lendemain, les flics perquisitionnent à 6 heures du matin l'appartement d'Olivier Véran. Il a parfaitement raconté cette expérience traumatisante dans son livre *Par-delà les vagues*. Quelques mois après, il avait pris de la distance et retrouvé son sens de l'humour. Mais, sur le coup, je l'ai vu totalement déstabilisé avec une sorte de rage sourde. Comment lui, le médecin, l'accusait-on « d'avoir mis volontairement en danger la vie d'autrui » ? Et, pour étayer cela, la police débarquait à 6 heures du matin, lui piquait son ordinateur avec les éléments nécessaires aux rendez-vous de gestion de la pandémie, aspirait dans son portable personnel ses conversations intimes et s'apprêtait même à faire défoncer la porte de son appartement familial dans sa circonscription ! Avec les collègues, nous écoutions, sidérés, Olivier nous raconter cette incroyable descente de police. En fait, à bien considérer les choses, c'est l'appareil judiciaire et policier qui, ce jour-là, a mis la vie d'autrui en danger en perturbant gravement la gouvernance de l'État en pleine crise.

28 octobre 2020

C'est l'hallali !

Emmanuel Macron s'adresse au pays dans une allocution télévisée particulièrement stressante. Alors que, cinq jours auparavant, il nous avait assuré qu'un simple couvre-feu viendrait à bout de la deuxième vague de Covid, c'est un chef de guerre défait qui parle, les poings serrés : « Quoi que nous fassions, nous aurons neuf mille patients dans les hôpitaux à la fin novembre [...] Les réunions seront exclues, les rassemblements publics interdits. [...] Je demande un très gros effort, tenons-le avec rigueur ! » Jusqu'ici, ça va – enfin, à peu près. Et c'est là que ça dérape de façon catastrophique : « Le travail devra continuer sauf pour les commerces *non essentiels*, la culture, le tourisme, la restauration… »

Nous nous regardons, effondrés, avec les membres de mon cabinet. Bien sûr, nous savons que ce terme, « essentiels », est une qualification administrative qui désigne des commerces de subsistance nécessaires à la vie quotidienne. Nous mangeons tous les jours mais n'allons pas au théâtre ou au cinéma tous les jours. Mais on ne peut pas parler à la raison quand tant de souffrance est en jeu. Comme nous nous y attendions, c'est l'hallali. Je rame comme une malade, mais que faire face à un monde de la culture qui s'estime méprisé et même insulté ?

Allez, un extrait de la belle chanson de Grand Corps Malade s'impose, tellement elle a exprimé l'amertume du monde de la culture d'une façon d'autant plus forte qu'elle était d'une grande douceur poétique :

> J'ai les poches pleines de mains et les yeux pleins d'amour
> C'est un moment important, vu qu'c'est pas essentiel
> Embrasser quelqu'un, pas essentiel
> Ouvrir un bouquin, pas essentiel
> Sourire sincère, pas essentiel
> Aller aux concerts, pas essentiel
> Se promener en forêt, pas essentiel
> Danser en soirée, pas essentiel
> Retrouver les gens, pas essentiel
> Spectacle vivant, pas essentiel

Fabien[4], je n'ai pas pu te dire ce que je ressentais. J'étais partagée, coupée en deux. Je regardais ton clip, l'Olympia avait affiché « PAS ESSENTIEL »… Oui, c'était une énorme maladresse, et pardon de te l'avoir ainsi imposée. Mais non, personne, ni Emmanuel Macron ni moi-même n'avons pensé qu'il était possible de vivre sans culture. Et puisqu'il n'y a pas d'amour, mais, selon Paul Reverdy, uniquement des preuves d'amour, ces preuves, nous les avons données aux artistes, comme aucun autre pays au monde ne l'a fait. Mais je sais bien qu'on ne guérit pas les blessures avec de l'argent.

Nous avons repris le harnais. Sinistre conférence de presse le lendemain, dans la salle cafardeuse de l'auditorium Marceau-Long du 20, avenue de Ségur… Et, dès le soir et toute la journée du lendemain, visioconférences et conférences téléphoniques avec toutes les parties prenantes concernées et effondrées par le black-out.

L'hiver de la culture avait donc commencé avec deux mois d'avance et il allait durer plus de six mois. Durant toute cette période, j'ai lutté pied à pied, remportant des victoires parfois minuscules, d'autres plus importantes, mais jamais la voix des artistes et des lieux culturels ne s'est éteinte, jamais le lien ne s'est rompu. Ce qui revenait comme une antienne chez mes interlocuteurs c'était : « Donnez-nous de la visibilité », mais comment faire alors que le virus mutait et déjouait tous nos pronostics ? J'ai même demandé qu'on arrête d'annoncer des clauses de revoyure de la situation sanitaire que les professionnels prenaient pour des promesses de réouverture, comme cela s'est passé deux fois de suite, le 15 décembre 2020 et le 7 janvier 2021. J'ai cru que j'allais rentrer à Valois avec le goudron et les plumes…

Au rang des victoires à l'arraché : la prise en charge des frais postaux des libraires et l'autorisation pour eux de faire du *click and collect*, et surtout la réouverture des librairies, des disquaires, des galeries d'art et des bibliothèques fin novembre. Petit à petit, les restrictions se sont desserrées tout en négociant des mesures de soutien et d'organisation d'accès facile aux aides. Chaque fois, je mettais le pied dans la porte pour grappiller quelques millions d'euros ou une heure supplémentaire d'ouverture. Mais tout cela était compliqué, changeant, avec des attestations de déplacement, des jauges différentes selon les lieux, l'instauration du passe sanitaire devenu passe vaccinal. Ce qui est quand même assez incroyable est que notre peuple de rouspéteurs et de râleurs impénitents s'est plié finalement d'assez bonne grâce à ces diktats ubuesques ! Chapeau !

Mais, à la fin de l'année, ce qui ruait dans les brancards était bien le retard dans l'instauration d'une campagne de vaccination et je sentais bien qu'entre les maniaques de la protection « ceinture et bretelles » et les lobbys des professionnels de santé, tout allait se compliquer.

27 novembre 2020

Un canard au milieu de la couvée de cygnes

Pour la première fois depuis mon arrivée à la tête du ministère de la Culture, je suis invitée à une réunion à l'Élysée qui n'a apparemment aucun rapport avec mes fonctions. Bingo, je participe à une réunion sur les vaccins et la politique vaccinale ! On est pile-poil à un mois du lancement de la campagne de vaccination, et je vois depuis plusieurs semaines avec consternation les techno-sanitaro-cinglés prendre le pouvoir. Il faut dire que, les jours précédents, j'ai eu quelques échanges avec le président de la République sur un certain nombre de décisions dans la gestion de la crise pandémique qui me paraissaient problématiques. Intéressé, son invitation n'a pas tardé et me voilà, docteure en pharmacie, ex-ministre de la Santé, maintenant ministre de la Culture, attablée au milieu du gratin sanitaire comme le canard au milieu de la couvée de cygnes. Une atmosphère d'hostilité sourde m'entoure que je connais bien, sur le mode : « Mais elle ne va pas encore la ramener, celle-là ! »

Il faut dire que depuis quelques mois les commentateurs ont fait pièce du procès récurrent qui m'a été intenté sur ma gestion de la crise sanitaire de la grippe A-H1N1. Toutefois, certains – ne voulant pas se renier – sont allés jusqu'à soutenir que les erreurs, au mieux les atermoiements d'aujourd'hui, relèveraient d'un « syndrome Bachelot[5] » : au motif que j'en aurais « trop fait » alors, j'aurais justifié que mes successeurs ne prennent pas les mesures de précaution et de prévention qui s'imposaient. Ma bonne gestion aurait incité mes successeurs à prendre de mauvaises décisions ! On dit cela à un cheval de bois, il vous donne un coup de pied. Servir d'excuse et être tenue responsable d'une pandémie que je n'ai pas gérée, faut pas pousser Roselyne dans les orties.

Depuis les difficultés de la gestion du début de la pandémie, ces arguties devenaient de moins en moins défendables. Revenaient en boucle les déclarations incendiaires des parlementaires et autres toutologues[6] hantant les plateaux des chaînes d'info qui m'avaient accusée d'avoir commandé trop de masques, d'avoir commandé des vaccins en avance de phase alors que la pandémie n'avait pas touché la France, d'avoir installé des centres de vaccination au lieu de tout confier aux médecins généralistes. En fait, j'avais eu raison sur tout et mes contempteurs devenaient la risée de l'opinion publique. Bien fait. Qu'il est doux, le miel de la vengeance[7].

Oui, ce n'est pas quand le virus est installé qu'on commande des masques, surtout quand la pandémie part de Chine, là où on les fabrique ! Oui, il faut se prépositionner sur les commandes de vaccins si l'on veut tenir tête à une industrie pharmaceutique en position de force, dans un contexte d'offre industrielle insuffisante pour satisfaire la demande ! Non, il n'est pas possible d'assurer une vaccination de masse par les cabinets médicaux généralistes sauf à réorganiser complètement le système des soins de premier recours ! Tout au long du premier semestre de 2020, alors que j'exerçais encore des fonctions d'éditorialiste sur LCI, je suivais les débats avec l'impression amère et amusée de voir rejouer un vieux film, mêmes experts se contredisant allègrement, mêmes mises en cause systématiques du gouvernement, même instrumentalisation politicienne d'oppositions irresponsables.

Le 1er juillet 2020 : audition à l'Assemblée nationale devant la mission d'information réussie et largement reprise par la presse. Deux jours après, Jean Castex me demande d'entrer au gouvernement. Faut-il y voir une relation de cause à effet ? J'en suis certaine. Jean sait que, face à une crise systémique aussi lourde pour la culture que celle que nous traversions et que nous traversons encore, l'heure n'est pas aux conseillers et mirliflores qui se piquent de goûter aux délices du théâtre d'avant-garde ou de connaître le tout-Paris qui chante et qui danse. Pour sauver la culture, il faut tenir tête à Bercy et au président, gagner ses arbitrages, embarquer les organisations professionnelles, mobiliser les agents, échafauder des procédures souples et ne pas se laisser engloutir dans la crise pour se mettre en position d'affronter les mutations profondes qui sont en mouvement. Tout cela « en même temps »… Alors qu'il avait été chargé de coordonner la sortie progressive du confinement depuis le 2 avril 2020, Castex savait mieux que personne qu'il fallait confier les clés de Valois à une vieille bête blanchie sous le harnais des emmerdements. En l'occurrence, Bachelot.

Lors de cette réunion, qui m'a laissé un goût amer, j'ai posé les questions qui fâchent. Il est un moment où nous en étions même au bord du clash. Je réalise en effet que l'on se prépare à une vaccination de masse et qu'il n'est pas prévu de centres de vaccination ! La caste sanitaire me rétorque que les médecins généralistes sont tout à fait capables de vacciner. Mais coco, il ne s'agit nullement de mettre en doute la capacité technique d'un médecin à effectuer un acte qu'on apprend en cinq minutes à un élève infirmier ! Il s'agit de déployer une logistique qui permette d'effectuer plus de cent millions d'actes médicaux supplémentaires en quelques semaines alors que les cabinets généralistes en pleine période hivernale sont en flux tendu, que dans une profession largement féminisée le temps médical ne cesse de diminuer et que les refus de mesures coercitives pour organiser l'installation des médecins amènent tout naturellement à des « déserts médicaux[8] » ! Là, je constate que, douze ans après le H1N1, rien n'a changé : les lobbys médicaux sont toujours à l'œuvre, ceux-là précisément qui m'avaient dézinguée en baptisant les centres de vaccination des « vaccinodromes » mais qui avaient néanmoins accepté d'y travailler, moyennant de grasses et choquantes rémunérations[9], ce qui continuera d'ailleurs dans la campagne à venir. Une couche supplémentaire sera même rajoutée : pour toute vaccination, il faudra une consultation médicale préalable. Oui, oui, et même, cerise sur le gâteau, un recueil écrit du consentement. Le grand ponte qui justifie ces calembredaines va aller jusqu'à me rappeler que je ne suis « que » pharmacienne. Bien aimable. En tout cas, à cause de ces errances, la France sera à la traîne dans le nombre d'injections et l'Allemagne vaccinera cinquante fois plus de personnes que la France dans les premières semaines de la campagne de vaccination. Pour être précise : 432 personnes vaccinées en France contre 130 000 en Allemagne.

Heureusement, Emmanuel Macron mettra fin à ces grotesques dispositions : « Nous sommes sur un rythme de promenade en famille. Ce n'est pas à la hauteur, ni du moment ni des Français... Moi, je fais la guerre le matin, le midi, le soir et la nuit... Ça doit changer vite et fort[10] ! » Et ça a changé vite et fort !

De tout cela, une certitude. Comme disait Chirac, « un chef, c'est fait pour cheffer », et un ministre pour commander. John Maynard Keynes assurait qu'il ne faut jamais mettre les économistes au volant mais les installer sur le siège arrière de la voiture. Il doit en être de même pour les experts sanitaires dans la conduite des pandémies.

En tout cas, je n'ai plus jamais été réinvitée à une réunion sur la stratégie vaccinale. Au moins sur ce point, les techno-sanitaires avaient eu ma peau. Quand c'est fini, n-i, ni, ni, ça recommence.

Vous allez dire que je ronchonne, mais vraiment, j'en ai plus qu'assez de défendre des positions dont on m'assure en chuchotant qu'elles sont justes mais qu'elles sont au choix inopportunes, dangereuses politiquement ou susceptibles de froisser des amis. Cela a commencé dès mon arrivée à l'Assemblée nationale en 1988 avec mon combat pour la parité. Quand je pense que j'ai tenté de convaincre Alain Juppé, alors Premier ministre, de présenter une loi paritaire et qu'il m'a donné comme argument que cela allait déplaire au groupe RPR ! Résultat des courses : en 1997, Lionel Jospin s'est emparé du texte que j'avais écrit avec Gisèle Halimi et on en a crédité la gauche. C'était justice. Pire, quand le texte constitutionnel a été examiné en Congrès, à Versailles, Jean-Louis Debré m'a refusé d'être l'oratrice du groupe au motif que mes positions féministes déplairaient à mes collègues. Sur la loi Tabac-Alcool, alors que j'étais, là aussi, l'oratrice du groupe, Bernard Pons m'a retiré mon poste – trois heures avant de prendre la parole – au motif clairement exprimé de ne pas déplaire aux lobbys du pinard et de l'affichage qui finançaient le parti et il a confié le discours à la tribune au député du secteur de Cognac... Dans la bataille du Pacs, la mise au pilori a été sanglante avant que mes « amis » ne s'y rallient piteusement un an plus tard. En 2002, ministre de l'Écologie, ma défense du nucléaire m'a cataloguée comme indigne d'exercer mon poste. Quand, après la canicule de l'été 2003, j'ai déclaré qu'« à la fin du siècle, l'été 2003 nous apparaîtra frais », ce fut la curée. Dans la loi Santé de 2009, ce fut pire, puisque François Fillon m'obligea, alors que le texte était déjà en discussion, à renoncer aux mesures de régulation de l'installation des médecins, sur le mode de ce qui s'est imposé sans problème aux pharmaciens ou aux infirmiers. Nous payons encore aujourd'hui ce refus devant l'obstacle.

Cela m'a valu d'être exfiltrée de mon poste de ministre de la Santé vers celui des Solidarités. François Fillon m'a expliqué : « Tu comprends, il faut se réconcilier avec les médecins. »

Et paf ! On a pris dix ans de retard dans l'installation des outils que j'avais mis dans la loi telles la télémédecine, la délégation de compétences et tant d'autres que je vois ressurgir.

Alors que j'étais ministre des Sports, lors de la désastreuse Coupe du monde de 2010, en Afrique du Sud, je me suis fait pourrir pour avoir défini l'équipe de France de football comme une « bande de caïds immatures commandant à des gamins apeurés ». Certains m'avaient même traitée de raciste pour avoir utilisé le mot « caïd ». Après les scandales de chantages, d'extorsion de fonds, de violences, on cite cette phrase comme une référence. Je pourrai multiplier les exemples mais je suis persuadée que ces attaques ou ces moqueries ne me sont pas destinées *intuitu personae.*

En fait, on n'accepte la parole des femmes dans l'espace public qu'à condition qu'elle se coule dans le *mainstream* et soit validée par une référence masculine. Si vous tenez à votre propre compte un propos disruptif, vous êtes traitée au choix de mamie zinzin, d'incompétente ou d'écervelée tentant de faire du buzz, là où un homme sera considéré comme un esprit fort et même visionnaire.

S'il y a une chose que ces 682 jours m'ont confirmée, c'est bien que le chemin est encore long pour que la parole des femmes soit considérée et valorisée. Quand je pense aux humiliations subies alors que je suis une privilégiée, je pense à toutes celles qui n'ont pas eu ma chance et aux magnifiques opportunités qui m'ont été données. C'est aussi pour cela que je me bats.

19 mars 2021

Bataille gagnée !

Je ne me sens pas bien du tout. Il y a comme un éléphant qui marche sur ma poitrine, la fièvre bat à mes tempes, les courbatures sont massives et douloureuses. Transport en urgence à l'hôpital Bégin. Une équipe merveilleuse de compétence et de gentillesse, mon équipe et ma famille soudées autour de moi, des milliers de messages de sympathie, Emmanuel Macron et Jean Castex prenant de mes nouvelles deux fois par jour. Et puis, se remettre progressivement avec Sarah, ma conseillère chérie, qui m'amenait en douce des petits plats, puis, grâce à ma merveilleuse amie, Geneviève, qui m'a poulottée durant ma convalescence, arriver au ministère sous les ovations et les larmes de mes troupes massées dans le salon Jérôme, revenir au Parlement avec les applaudissements unanimes des députés et des sénateurs et arriver à ne pas pleurer. Continuer, continuer avec l'oxygène en secours quand ça va trop mal et les anticoagulants matin et soir pour ne pas passer sur le billard et mater cette foutue maladie thrombo-embolique diagnostiquée à l'hôpital Percy, un classique de la maladie covidaire. Se dire, fin juin, que j'ai gagné cette bataille mais qu'elle a été rude et pourtant elle m'a donné la force de renverser des montagnes. Que finalement, grâce à toutes celles et tous ceux qui ont traversé cette épreuve avec moi, même aux pires moments, j'ai pu mener mon combat pour la culture et celles et ceux qui la servent.

À moi la mécréante, Jean-Christophe Vuilleminot – l'aumônier militaire de l'hôpital Bégin – rendait régulièrement visite. Le jour des Rameaux, il m'avait apporté une branche de buis de son jardin avec cette phrase du pape François : « Cette vie est le cadeau que Dieu nous a fait, et elle est trop brève pour la consumer dans la tristesse. »

À défaut de croire, nous nous devons d'espérer.

IV.
Les invasions barbares

18 septembre 2020

« Notre école, c'est la plus belle »

Premier déplacement avec le président de la République. Dans le cadre des Journées européennes du patrimoine, nous nous rendons à Condom, dans le Gers, dont le superbe hôtel de Polignac, construction de la fin du XVIIIe siècle, abrite l'école publique Jules-Ferry. Brigitte Macron et Stéphane Bern nous accompagnent. Dans le Falcon présidentiel, l'atmosphère est chaleureuse et, pour la première fois, j'ai l'occasion de constater combien les liens sont forts entre Emmanuel Macron et son épouse. Tendresse, confiance et discussion sans aucune affectation. Les voir ensemble est sans doute la meilleure réponse aux ragots infâmes qu'on proclame dans les égouts que sont devenus les réseaux sociaux et dans le cloaque des salons parisiens. Certains ont présenté Brigitte comme l'égérie culture d'Emmanuel

Macron. La présenter seulement comme une éminence grise serait sottement péjoratif. C'est une femme cultivée, sans aucune afféterie ni aucun snobisme. Elle dit les choses quand elle les aime et ne se croit pas obligée de se pâmer devant certaines impostures de l'art contemporain. Lors d'une visite dans une exposition, pour rigoler, nous avions envoyé à Emmanuel une photo de nous deux devant la statue réaliste d'un énorme singe poilu. La réponse du président avait été immédiate : « Décidément, on est vite remplacé ! »

L'accueil à Condom est magnifique. Avec Audrey Saubadu, la directrice de l'école, et Marielle Agostini, qui pilote le projet, les écoliers préparent déjà depuis plusieurs jours la rencontre. Pas intimidés pour un sou, les gamins discutent avec le président en le tutoyant. Anaïs, 11 ans, explique doctement la participation de tous aux ateliers pédagogiques et la réalisation d'une exposition. Une phrase revient comme un slogan : « Notre école, c'est la plus belle ! »

Dans les rues de Condom, les Gersois sont chaleureux, les demandes de selfies et d'autographes fusent, les commentaires aussi de « Il est beau gosse, le président ! » ou « C'est gentil d'être venu nous voir ! » Et cette retraitée qui proclame :

— J'étais là il y a quarante ans, quand Mitterrand est venu. Depuis, plus rien. On vous attendait !

Macron, hilare :

— Vous avez été patiente !

Le maire, Jean-François Rousse, baigne dans le bonheur.

Et pourtant, l'épidémie est bien là, qui gâche la fête. Ambiance surréaliste d'un président masqué, entouré de personnalités masquées, qui s'adresse à des citoyens masqués puis à des journalistes masqués et, derrière l'euphorie déchaînée des bandas, c'est l'anxiété qui domine. Une dame s'inquiète de la pénurie de tests Covid, un agriculteur maugrée sur le manque d'eau, d'autres sur la casse sociale qui se prépare dans l'industrie automobile ou l'aéronautique. Tout au long de cette matinée, j'ai eu le sentiment d'être dans l'œil d'un cyclone, comme une parenthèse enchantée et somme toute factice, alors que le vieux monde était en train de s'écrouler. Mais revenons à nos moutons ou plutôt à l'objet de ce déplacement présidentiel.

Les Français citent le patrimoine en première ligne des biens culturels à défendre et la France est l'un des pays qui possède le patrimoine le plus dense et le plus divers du monde. La défense de cet héritage mobilise de nombreux acteurs publics et privés, et l'État œuvre en première ligne par une armature de textes législatifs et réglementaires, mais aussi et surtout par des financements et des dispositions fiscales qui ont atteint une ampleur inégalée sous le quinquennat d'Emmanuel Macron. Celui-ci a confié en 2018 à l'animateur de télévision Stéphane Bern la responsabilité d'une « Mission Patrimoine », ce qui lui vaut de faire partie de la délégation. La création de cette mission n'a pas été sans susciter une certaine irritation chez mes prédécesseurs Françoise Nyssen et Franck Riester, qui ont pu se sentir dépossédés – au moins médiatiquement – d'une partie de leurs prérogatives. Pour ma part, j'ai décidé que quelques motifs d'irritation ne méritaient pas de s'y arrêter, d'autant que j'aime bien Stéphane. Je le connais depuis une vingtaine d'années, du temps où il animait sur France Inter l'émission *Le Fou du roi.* Il m'y avait invitée parfois, mais n'était pas encore à l'époque le « Monsieur Patrimoine » qu'il est devenu, seulement un animateur radio dingue de familles royales. Comme je ne dédaigne pas feuilleter *Point de vue*, mon âme de midinette était aux anges quand il me conviait à un dîner avec une tête couronnée ! Donc aucune raison personnelle ou politique de lui battre froid : le soutien du ministère de la Culture et les dotations du Loto du patrimoine sur la période triennale 2019-2021 ont mobilisé 127 millions d'euros. Par comparaison, le ministère accordait directement plus d'un milliard et demi, sans compter les crédits que chaque administration apporte aux bâtiments historiques dont il est propriétaire. On doit y ajouter, bien entendu, ceux que les collectivités territoriales mobilisent notamment pour le patrimoine non protégé dont elles ont directement la responsabilité depuis la loi du 13 août 2004. Il n'y a donc pas de quoi s'énerver : il n'y a pas – là comme ailleurs – de « ministre de la Culture *bis* », mais des actions à valoriser et à coordonner. De toute façon, les ministres doivent savoir que dans un conflit les opposant à ce type d'intervenant, c'est toujours le politique qui perd. C'est injuste mais c'est comme ça !

4 décembre 2020

« Je suis désolée, mais ça sera impossible »

Je me décide à accorder un long entretien à Didier Rykner, le directeur et rédacteur en chef de *La Tribune de l'art*. Ce webzine à la diffusion confidentielle – quatre mille abonnés – s'est spécialisé dans les polémiques les plus agressives avec pour premier objectif de « dénoncer les atteintes inadmissibles au patrimoine ».

Autour de ce dossier s'est donc développé tout un écosystème agressif qui prend régulièrement pour cible le ou la ministre de la Culture, son cabinet, les services du patrimoine, la maire de Paris, les élus locaux, tout ce joli monde étant présenté comme un troupeau d'éléphants analphabètes et destructeurs. De nombreuses associations locales, parfois très virulentes, se mobilisent, des personnalités à fort impact médiatique, journalistes ou stars du show-biz somment l'État d'intervenir sur des bâtiments parfois d'intérêt médiocre. Il est en effet aisé de se mobiliser pour une chapelle en ruine sans se soucier de se placer dans une perspective globale de priorisation des investissements. Si on attribue 3 millions d'euros pour sauver la chapelle dans laquelle la présidente de l'association de sauvegarde a fait sa communion solennelle, c'est une cathédrale qu'on ne mettra pas en sécurité. M. Rykner faisait et fait encore partie de cet écosystème. Il lui est même arrivé d'être un lanceur d'alerte pertinent qu'il convient d'avoir dans ses radars. Naïvement, j'avais espéré que l'effort budgétaire inédit en faveur du patrimoine, que j'avais gagné dans le cadre du plan « France Relance » – 614 millions d'euros d'argent frais plus une augmentation substantielle des crédits courants –, amadouerait ce monsieur et j'avais même été l'objet d'un article aimable à ce propos lors de mes premières semaines à Valois. Une pareille lune de miel ne pouvait pas durer, on ne quitte pas délibérément son fonds de commerce et les carnassiers ne font mine d'abandonner leur proie quelques instants que pour leur faire baisser leurs défenses et mieux les torturer par la suite. La chapelle Saint-Joseph de Lille était donc l'objet de l'ouverture des hostilités, mais la proie avait de la défense et finalement j'ai toujours considéré que ces excès d'agressivité ne sont qu'une manière d'attirer mon attention et même – allez, j'ose – une certaine forme de sentiment amoureux !

Allons, je redeviens sérieuse. Je n'étais pas encore entrée en fonction qu'avait surgi entre mes pieds l'affaire emblématique de cette chapelle Saint-Joseph. Cette chapelle, construite en 1887, fait partie des innombrables édifices cultuels qui accompagnaient les établissements scolaires catholiques. Le XXe siècle a été marqué par la déchristianisation de ces institutions et les chapelles ont été laissées à l'abandon, plus aucune célébration ne s'y déroulant. Au début des années 2010, l'architecte des Bâtiments de France avait estimé fort médiocre l'intérêt architectural de l'édifice et avait émis un avis défavorable à une mesure de protection. De plus, les mérules avaient envahi les parties boisées de la structure, la charpente en particulier, rendant impossible tout usage séculier sauf à y mener des travaux pharaoniques de plusieurs dizaines de millions d'euros ! Mais voilà que la fédération des écoles d'ingénieurs de l'Université catholique de Lille – propriétaire du lieu – en demande la destruction[1] car elle souhaite agrandir son campus pour amplifier son attraction internationale, cela en plein accord avec l'évêque de Lille et les élus du secteur, en particulier de la maire de Lille, Martine Aubry. Saisie de l'affaire, au vu des avis argumentés des spécialistes du patrimoine, je maintiens le permis de démolir. Mes amis, quel esclandre ! Une pétition circule, une banderole est accrochée sur l'édifice par Génération identitaire, menée par un activiste, un certain Aurélien Verhassel[2], déjà condamné en 2018 pour violences. Notre cher

Stéphane Bern – sans doute imparfaitement informé du dossier – s'en mêle, les plumitifs qui font leur miel de ce genre de polémiques me crachent littéralement dessus. Aujourd'hui la chapelle est détruite, après que l'on a démonté les vitraux et que les propriétaires ont ainsi pu consacrer leurs efforts sur la remise en état du palais Rameau, situé à proximité et qui, lui, était classé « Monument historique » depuis 2002.

Si je raconte cette histoire par le menu, c'est que, peu ou prou, tout au long de ces vingt-deux mois, j'ai été confrontée à ce type de conflits, parfois d'une rare violence, où j'ai été présentée comme une barbare bornée alors que j'ai mobilisé, je ne me lasse pas de le redire, une masse de crédits que l'on n'avait jamais vue. Cependant, il serait trop simple de penser que les enjeux de la défense du patrimoine seront résolus par une augmentation sympathique des crédits du ministère et par une habile politique de communication. Les moyens financiers mobilisés par des opérations tels le Loto du patrimoine ou des structures comme la Fondation du patrimoine sont inversement proportionnels au battage médiatique organisé par leurs promoteurs, à peine quelques dizaines de millions, et encore faudrait-il en soustraire les exonérations fiscales et la moindre collecte des taxes. La vérité est que ce sont des dizaines de milliards qui seront convoqués dans les vingt ans à venir pour maintenir le patrimoine à flot.

Plusieurs phénomènes font mesurer les défis qui attendent mes successeurs. Sont entrés dans le champ de la protection des bâtiments ou des ensembles ignorés ou méprisés il n'y a pas si longtemps. Des programmes de réhabilitation de quartiers populaires qui passaient hier par des destructions de barres d'immeubles sont devenus aujourd'hui impossibles et c'est fort heureux. Tout un mouvement mené par de jeunes architectes met en exergue une démarche de réhabilitation dans un cadre de développement durable. Mais cela n'est pas synonyme de moindre coût. Le prix Pritzker – véritable prix Nobel de l'architecture –, attribué en 2021 au duo Lacaton et Vassal[3], en témoigne. Des casernes désaffectées, des entrepôts abandonnés, des usines inutilisées depuis des décennies se voient investies d'un regain d'intérêt et les élus sont invités à leur trouver un usage d'équipement collectif nécessitant des financements très supérieurs à une construction à neuf.

De grandes structures bâties au XIXe et au XXe siècle se sont révélées d'une grande fragilité, outre qu'elles nécessitent des frais de fonctionnement qui lestent bien des opérateurs du ministère de la Culture. Il est toujours étonnant de constater qu'un château du XIIe siècle vieillit mieux que certaines structures métalliques que l'on pensait indestructibles… Comment ne pas évoquer, entre autres, le Grand Palais, la tour Eiffel, le palais de Tokyo, le Centre Pompidou et tous les ruineux Grands Travaux de François Mitterrand ? Des centaines de millions d'euros, des chiffres qui donnent le vertige, outre que les architectes ont fait construire des structures qui sont toutes de véritables hérésies écologiques.

Toutes ces évolutions sont accentuées par une patrimonialisation générale des sites, des bâtiments, des pratiques et des coutumes. Michel Platini me téléphone le 21 janvier 2022 :

— Roselyne, bonjour !

— Michel, quel plaisir !

Nous égrenons les souvenirs de l'Euro 2016 et du combat pour que soit attribuée la compétition à la France, alors que j'étais ministre des Sports. Je lui rappelle un fameux déjeuner où j'avais invité tous les maires des villes d'accueil de la compétition, Paris, Lyon, Bordeaux, Toulouse, Nice, Lens, Marseille... Et, au dessert, la surprise que je leur avais réservée. Qui pousse la porte ? Zinédine Zidane ! Et j'entends encore le soupir extasié de Martine Aubry, comme un râle : « Zizou ! »

— Il n'y a que le foot pour susciter des trucs pareils.

— Ben justement, je veux te dire que nous déposons un dossier pour que le football soit inscrit au patrimoine immatériel mondial de l'Unesco.

Je botte en touche, mais bon, après la candidature de la baguette, tout est possible ! Tel Funes, le héros de

Jorge Luis Borges, le citoyen ne peut plus trier dans sa mémoire et veut tout conserver et tout sacraliser.

À moyen et long terme se profilent des perspectives peu réjouissantes avec des murs d'investissement colossaux et le renoncement d'acteurs privés qui en assuraient *a minima* le gardiennage et la sécurité. Deux secteurs inquiètent tout particulièrement : les bâtiments cultuels et les propriétés aristocratiques.

La déchristianisation massive du pays laisse à l'abandon une armature impressionnante d'édifices cultuels constituée par quarante-deux mille églises paroissiales, sans compter les innombrables chapelles, temples, calvaires, reposoirs, monuments funéraires, monastères, couvents. Les bâtiments cultuels qui sont propriété de l'État ou de communes importantes ne sont pas menacés mais il n'en est pas de même des milliers d'églises de village qui ne peuvent guère compter sur une transformation en complexe hôtelier, en boîte de nuit ou en centre culturel. Pire : les édifices construits au XIXe se révèlent une fois encore d'une consternante fragilité et leur simple mise en sécurité mobilise des budgets exorbitants. D'ici à 2050, ce sont des dizaines de milliards qui seraient nécessaires si nous voulons tout conserver. Je suis désolée, mais cela sera impossible. Et il faudra beaucoup de courage à mes successeurs pour dire non au sauvetage inconsidéré d'une église sans intérêt patrimonial mais à charge émotionnelle et emblématique forte. Quand un bulldozer poussera au coin de la façade où vous vous êtes mariés, où vous avez fait baptiser vos enfants et dit le dernier adieu à vos parents, vous aussi militerez sans doute dans l'association de défense et agonirez de sottises le ministre qui refusera de revenir sur le permis de démolir. Ce n'est pas pour rien que François Mitterrand, dans son affiche de campagne de 1981, avait choisi comme slogan « La force tranquille » et, en fond, un village et son clocher...

De la même façon se pose la question du devenir des grandes propriétés aristocratiques. Si, pendant plusieurs siècles, la transmission générationnelle s'est effectuée paisiblement, la mondialisation a fait émigrer l'héritier du château vers une start-up de la Silicon Valley ou une banque d'affaires de Singapour. Nous avons ainsi sauvé Haroué, propriété de la famille de Beauvau-Craon mais ce sont des centaines d'opérations similaires qui solliciteront le ministère de la Culture.

Allez, je viens pour la dernière couche. Il faut noter la dégradation préoccupante de bâtiments emblématiques de la gouvernance de l'État : ministères, ambassades, palais de justice... Derrière des salons de réception qui peuvent à grand-peine faire encore illusion, l'envers du décor est affligeant alors que ces administrations occupent des ensembles de grande valeur historique : abbayes, palais ou hôtels particuliers. Certains préfets se refusent à loger les ministres dans l'appartement prévu à cet effet et réservent des chambres à l'Ibis du coin ! Ayant fait mien le principe que, lors de mes déplacements, je me loge toujours dans la chambre dite « ministre » par souci d'économie, j'y ai vu les sanitaires orange ou marron des années 1950 bien entartrés, des télévisions à tube cathodique, des literies défoncées, et des tuyauteries qui résonnent avec ardeur, vous garantissant une nuit d'insomnie. Oh, pas dans les grandes préfectures de région certes, mais dès qu'on va dans les « petits » départements, la déshérence est éclatante et il en est de même dans le réseau des ambassades.

Cette paupérisation contraste singulièrement et cruellement avec les sièges somptueux des collectivités territoriales. L'État, lui, est nu, assiégé et impuissant.

Alors que j'en viens aux défis posés, en ce 4 décembre 2020, je vois M. Rykner s'agiter sur son fauteuil comme s'il était gêné par la complexité de la situation, comme s'il réalisait la profondeur des décisions en cause qui contrastent singulièrement avec sa croisade simpliste.

Tout cela, je le dis tout net à mon interlocuteur. Dans mon bureau, M. Rykner est tout miel et me quitte avec force amabilités. Sans doute les dorures et les bronzes du Palais-Royal lui paraissent-ils bien conservés…

Je ne lui ai pas demandé ce qu'il pensait de mon nouveau bureau installé par le Mobilier national, en fait le bureau de François Mitterrand, créé en 1965 par Pierre Paulin, une pure merveille en cuir bleu avec des rinceaux roses, un ensemble qui a dû l'horrifier. Cela me faisait rire de penser que je travaillais en 2010 au ministère des Solidarités sur le premier bureau du général de Gaulle à l'Élysée, en 2020 au ministère de la Culture sur celui de Mitterrand. C'est sûr, en 2030, j'aurai dans mon prochain ministère le bureau d'Emmanuel Macron[4].

Le temps passant, les méchants reviennent toujours à leurs méchancetés : attaques grossières et même injurieuses contre Jean-Baptiste de Froment, mon excellent conseiller en charge du patrimoine, et moi-même dans la picrocholine revue numérique de M. Rykner, au nom d'une conception étriquée de la politique de protection. S'attaquer à un collaborateur est par ailleurs d'une rare lâcheté : on feint de ménager le détenteur du pouvoir et on attaque un conseiller qui est tenu à la réserve et ne peut se défendre du fait de sa fonction. Mais surtout, cette vision tend à faire de la France entière un musée au détriment de la création. Tout au long des siècles, on a construit un baptistère sur un temple dédié à Mithra, puis une chapelle, une église et enfin une cathédrale. Si nos ancêtres avaient eu cette conception mesquine, Notre-Dame de Paris n'aurait pas été construite. La noblesse du ministère est de vouloir tenir un équilibre raisonnable, là où les zélés de toutes tendances ne voudraient défendre que leur « chapelle » !

La polémique qui s'est engagée avec une loi apparemment très technique est à cet égard significative. Par la loi dite « Elan » (évolution du logement, de l'aménagement et du numérique), du 23 novembre 2018, le gouvernement d'Édouard Philippe et la majorité macroniste, par une coupable faiblesse, ont complètement changé les rapports de force en matière de protection du patrimoine en faveur des maires et au détriment de l'État et de ses bras armés, les architectes des Bâtiments de France (ABF).

C'est cet héritage poisseux qui va m'empoisonner pendant ces 682 jours. À ce sujet, un courrier de Gérard Larcher me restera en travers de la gorge : il y présente les collectivités locales comme les défenseurs intransigeants du patrimoine contre un État prédateur. Gonflé…

La sauvegarde du patrimoine n'est pas, et de loin, le seul dossier où les collectivités veulent le pouvoir sans en assumer les responsabilités financières et sociales. À cet égard, le webzine *La Tribune de l'art* n'est pas non plus le seul média à entonner l'antienne récurrente d'un État impotent face aux communes, parées de l'auréole de l'angélisme. En août 2022[5], *Le Figaro Magazine* consacre sa couverture à la « France moche » avec un surtitre : « Ronds-points, zones commerciales, urbanisme sauvage… », accroche racoleuse illustrée par une photo d'entrée de ville constellée de panneaux publicitaires. Mais, en sous-titre, stupéfaite et indignée, je lis : « Comment l'État a laissé enlaidir le pays ». Alors là, c'est plus fort que de jouer au bouchon ! Voilà une publication qui ne manque jamais de chanter les louanges de ces merveilleux élus « de terrain » qui feraient tout mieux que ces crétins de ministres et qui reproche à l'État la décentralisation. Un comble. La vérité eût été de proclamer : « Comment les élus locaux enlaidissent le pays ».

Pour être juste, l'article du journaliste Charles Jaigu, bien documenté, remet l'église au milieu du village et cite des exemples d'urbanisme barbare, comme celui de Foix, où le maire socialiste Norbert Meler, contre l'avis négatif mais simplement consultatif de l'ABF, a décidé la destruction d'immeubles de caractère pour faire un lotissement social, ou celui de Perpignan, où le maire RN Louis Aliot a l'intention de détruire quatre cent quatre-vingt-trois logements dans le quartier Saint-Jacques plutôt que les réhabiliter. Dans ce domaine, la laideur n'a pas de couleur politique. Le journaliste continue en dénonçant la politique des ronds-points hideux qui défigurent les entrées de nos villes : cinquante mille en France, la moitié de ceux installés dans le monde, les aménagements routiers, les constructions en « boîtes à chaussures » des zones commerciales et industrielles, la volonté d'augmenter les ressources fiscales en distribuant les permis de construire, parfois sans tenir compte des risques naturels et de l'impact sur le patrimoine historique ou naturel. Notons au passage, comme nous l'avions fait dans la Commission pour la rénovation et la déontologie de la vie politique[6] présidée par Lionel Jospin en 2012, que la presque totalité des scandales financiers de la Ve République est le fait d'élus locaux dans des affaires d'urbanisme.

Certes, un Claude Malhuret, maire de Vichy, est cité en contre-exemple d'un urbanisme intermédiaire qui concilie protection du patrimoine et offre de logements, mais c'est un oiseau rare. Il faut donc impérativement dénoncer, comme l'a fait l'architecte David Mangin[7], le mythe insurpassable de la « maison péripatéticienne », isolée, sur une butte, avec son petit jardin tout autour.

14 octobre 2021

« On ne peut pas tordre les textes ! »

Emmanuelle Wargon, ministre déléguée au Logement, prononce un discours dans lequel elle soutient que « le modèle du pavillon avec jardin n'est pas soutenable », dénonce « ce rêve construit pour les Français dans les années 1970 », « ce modèle d'urbanisation qui dépend de la voiture pour les relier » et affirme que la maison individuelle est une « impasse écologique, économique et sociale ». La ministre a totalement raison mais elle va être sommée de rétropédaler devant la bronca soulevée par ces propos de simple bon sens. Même les écologistes, qui auraient dû la soutenir, l'abandonnent lâchement en rase campagne, c'est le cas de le dire ! Le député LR Thibault Bazin l'interpelle avec une rare démagogie lors de la séance suivante des « questions au gouvernement », le 19 octobre. Ce qui est fou dans cette histoire est que nous sortions précisément de la crise éprouvante des Gilets jaunes, qui a démontré que le totem de la maison individuelle a repoussé loin des villes toute une population incapable financièrement d'affronter les prix démentiels du foncier périurbain. On a ainsi condamné des centaines de milliers de Français à passer des heures dans leur voiture pour aller travailler, à faire le taxi pour les activités des enfants, à être relégués loin des services publics, des structures de soin, des commerces, des institutions culturelles.

Me revient en mémoire la campagne de 1967 d'Edgard Pisani, mon glorieux prédécesseur dans la circonscription que j'ai représentée pendant un quart de siècle. Chose inimaginable à l'époque, il avait décidé de faire faire une étude d'opinion chez les électeurs d'Angers. Le célèbre publicitaire Michel Bongrand avait construit des questions à la réponse totalement prévisible destinées à caresser les électeurs dans le sens du poil lors d'un meeting de restitution des résultats. La salle de cinéma des Variétés était comble et les Angevins médusés regardaient les gros ordinateurs

Bull cracher les cartes perforées. Arrive la première question : « Quel type de logement préférez-vous : un appartement dans un immeuble collectif ou une maison individuelle avec jardin ? » Il y eut quand même 2 ou 3 % égarés ou visionnaires à préférer l'appartement, mais la maison individuelle recueillit un plébiscite écrasant. L'animateur – le « Monsieur Loyal » du cirque Francini ! – passa alors la parole à Pisani, persuadé qu'il allait embrayer en se félicitant d'être à l'écoute de l'électorat. Que nenni, le barbu monta sur scène et, dans une improvisation fulgurante, dénonça le mitage pavillonnaire comme une atteinte à l'environnement, au patrimoine historique et naturel, une totale absurdité économique et sociale. Il continua en dézinguant avec brio et détermination toutes les préférences des sondés. Il y eut bien quelques applaudissements polis et les gens rentrèrent chez eux avec le sentiment diffus d'avoir été pris pour des cons.

C'était il y a cinquante-cinq ans et j'ai eu la chance intime de côtoyer un responsable politique d'exception qui m'a appris qu'il ne fallait jamais renoncer à ses convictions et qu'on ne bâtit pas un projet simplement pour gagner des élections. Je n'ai pas oublié non plus son magnifique discours lors des événements de Mai 68, discours dont Michel Rocard disait qu'il était le plus beau prononcé durant cette période :

Tout se passe comme si cette jeunesse semblait considérer que nous sommes, au fond, des complices devant elle, jouant chacun notre rôle dans une comédie humaine à laquelle elle n'entend rien et ne veut rien entendre... Nous transmettons à nos enfants un monde sans image familière, un monde sans garantie et nous voudrions que nos enfants nous approuvent...

Et ces mots, qui ont résonné si souvent dans mon esprit au cours de ma vie politique :

> Vous trouvant en face de deux forces, l'angoisse et la revendication, vous avez choisi de répondre à la revendication pour ne pas répondre à l'angoisse. Vous avez choisi de céder sur l'accessoire pour ne pas mettre en cause une société qui est pourtant en cause.

Fermez le ban.

Pour tenter de corriger les désastreuses dispositions de la loi Elan, les défenseurs du patrimoine enjoignent alors l'État de surplomber le dispositif en édictant des mesures de classement. Si celles-ci peuvent se justifier – et je n'ai pas manqué d'y recourir, comme pour la caserne Gudin de Montargis –, ce n'est pas toujours le cas, la chapelle Saint-Joseph de Lille ou l'ensemble immobilier construit au pied du château médiéval de Foix en sont deux bons exemples.

La protection au titre des monuments historiques n'est pas un label mais un dispositif législatif d'utilité publique fondé sur des principes d'analyse scientifique. L'intérêt patrimonial d'un bien s'évalue en examinant un ensemble de critères historiques, artistiques, scientifiques et techniques. Les notions de rareté, d'exemplarité et d'intégrité des biens sont prises en compte. Ces dispositifs font l'objet de procédures administratives complexes.

On ne peut pas tordre les textes et dédouaner les élus locaux de responsabilités qu'ils ont réclamées à cor et à cri ou leur permettre de régler des comptes avec des adversaires politiques.

20 décembre 2021

Un carrefour est-il un monument historique ?

Le maire du 16e arrondissement de Paris, Francis Szpiner, a sollicité une audience. Je connais l'animosité que professent les élus LR à l'égard d'Anne Hidalgo et ceux-ci voudraient bien instrumentaliser la ministre de la Culture pour régler son compte à la maire de Paris. Je suis loin d'être d'accord avec sa politique de circulation, d'urbanisme et de protection du patrimoine, mais j'estime qu'il est nécessaire que Valois trouve les voies et les moyens d'établir un partenariat pour démêler des dossiers très complexes. En tout cas, je refuse absolument de me laisser entraîner dans une précampagne de reconquête de la mairie de Paris. Bingo, c'est bien de cela qu'il s'agit. Le projet de la Ville est d'établir entre le Trocadéro et la tour Eiffel une coulée verte imaginée par le cabinet américain Gustafson Porter + Bowman. Elle sera réalisée du palais de Chaillot, rive droite, jusqu'au bout du Champ-de-Mars. Le projet prévoit la piétonnisation du carrefour du Trocadéro et déviera la circulation dans le tunnel passant en dessous. Seule une voie de circulation à 20 kilomètres-heure traversera la dalle. Inutile de dire que la volonté de chasser la voiture du secteur est manifeste et je ne peux que souscrire à l'analyse de mon visiteur. Mais voilà que, pour contrevenir à la décision de la maire et du conseil de Paris, Francis Szpiner me demande… de classer le carrefour ! Étant entendu que les abords du Trocadéro et de la tour Eiffel sont déjà protégés, il s'agirait d'un dévoiement pur et simple de la démocratie, des prérogatives des élus et de l'État. Une procédure de protection ne peut pas servir de bélier politicien mais doit se fonder sur des éléments patrimoniaux qu'un carrefour routier serait bien en peine de réunir.

Ma conviction s'est renforcée tout au long de mon ministère : ce n'est pas de décentralisation que nous avons besoin, mais de clarification, de responsabilisation et de contractualisation. Je milite pour des Assises du patrimoine qui mettront autour de la table les acteurs concernés après avoir mené une étude sérieuse des besoins et un calendrier échelonné sur au moins deux décennies. C'est un plan « France 2050 » qu'il faut mettre sur pied pour sauver notre patrimoine.

En effet, les défis ainsi posés sont de quatre ordres : scientifique, démocratique, de gouvernance et de financement. Les trois premiers se rejoignent. Les collectivités territoriales veulent s'emparer de la gestion du patrimoine, alors qu'elles sont dépourvues d'expertise solide en ce domaine et en oubliant que les lois de décentralisation leur ont déjà confié la sauvegarde du patrimoine non protégé, charge qu'elles assurent incomplètement et en instruisant un procès récurrent contre l'État, jugé pas assez généreux et trop normatif. Les procédures de protection sont régulièrement contestées, les architectes des Bâtiments de France ou les services d'archéologie préventive (mes chouchous) sont désignés avec agressivité comme les empêcheurs du développement local.

Pour le financement, les pistes sont connues : poursuivre l'effort budgétaire de l'État, rappeler aux collectivités territoriales qu'elles ne peuvent pas se contenter de tendre la sébile vers l'État tout en l'insultant copieusement, assurer des financements privés et innovants qui mettent le citoyen en position d'acteur et non d'éternel quémandeur en revoyant les restrictions apportées au mécénat privé et en promouvant le mécénat populaire et participatif. Toutefois, ceux et celles qui brandissent le mécénat populaire doivent savoir que cela relève plus d'une proclamation démagogique que d'une source budgétaire sérieuse.

Je le dis tout net : la protection du patrimoine est sans doute un des enjeux citoyens les plus périlleux qui nous guettent car elle touche à notre histoire personnelle intime et à l'idée que nous nous faisons de notre roman national et de notre destin collectif.

V.
Prendre la Bastille

20 novembre 2020

La prise de la Bastille

Oui, oui, je sais, vous pensez : « Roselyne, arrête avec l'opéra ! » Seuls 0,5 % des Français s'y intéressent et si Roberto Alagna est l'un des rares chanteurs lyriques connus et aimés de la majorité des Français, c'est précisément parce qu'il ne fait pas que de l'opéra.

Si vous ne prenez pas quelques précautions, il y a de grandes chances qu'une première expérience tourne au cauchemar. J'avais ainsi invité des cousins angevins à Bastille et j'avais choisi pour cette initiation *La Bohème*, un « choix sans risque », pensais-je. Malheureusement, la mise en scène de Claus Guth situait l'action dans un vaisseau spatial ! Odette et Jean, d'un air pincé, m'assurèrent que cela devait coûter très cher et qu'ils n'avaient pas tout compris.

À l'été 2007, Cécilia Sarkozy avait emmené Nicolas, fraîchement élu président, assister à une représentation du *Trouvère* aux Chorégies d'Orange. Très bon choix pour « dépuceler » un néophyte. Rien n'y faisait, le président n'arrêtait pas de regarder sa montre. Elle lui lança, vengeresse : « La prochaine fois, on va voir *Parsifal.* »

Il n'y eut pas de prochaine fois.

Mais, si je m'attarde sur l'opéra, c'est bien qu'on peut en tirer des leçons pour l'ensemble des politiques culturelles.

Il est vrai que la tâche est rude pour un directeur général de l'Opéra de Paris, qui se doit d'exécuter les figures imposées : assurer que vous défendez le patrimoine lyrique français, que vous faites la juste place à la création aux côtés du répertoire, que la danse est votre priorité et la démocratisation votre beau souci, sans oublier l'Académie, la troisième scène, etc. Il y a toutefois deux pièges mortels à éviter. Le premier est de jouer les matamores en arguant que, grâce à vous, on va voir ce qu'on va voir avec le mécénat. Le gouvernement n'attend que ce genre de rodomontade pour baisser le niveau des subventions et, pire, vous passez dans le milieu pour celui qui a décidé de vendre son âme aux marchands du Temple et que dorénavant de riches milliardaires peroxydées vont décider de la programmation. Toujours se rappeler qu'en France, par définition, l'argent a une odeur et que celui des donateurs privés exhale la puanteur du bien mal acquis. Ensuite, si vous voulez éviter de polluer votre mandat par des mouvements de grève dont vous ne pourrez pas vous dépatouiller, refuser de résoudre les problèmes sociaux pourtant cruciaux qui minent la gestion de l'Opéra de Paris et bien d'autres grands opérateurs du ministère de la Culture – faire profil bas et multiplier les assurances d'un dialogue social « nourri et rénové », ce qui signifie concrètement de céder aux revendications les plus folles des syndicats pour avoir la paix. C'est ce qui a été fait depuis au moins vingt ans.

Le mécénat devait permettre de financer des programmations ambitieuses mais ne peut être utilisé pour éponger la baisse des subventions et l'augmentation des frais fixes. Dans une course à l'échalote effrénée, les directions espéraient se « refaire la cerise » en embauchant des stars aux rémunérations extravagantes et en mettant en surchauffe l'institution dans une logique de « festival permanent » avec une inflation du coût des décors, des costumes et de la masse salariale variable.

Ah, j'oubliais, l'opéra construit à Bastille – dans le cadre des grands travaux mitterrandiens – était frappé d'une obsolescence ahurissante et accélérée outre qu'il portait les caractéristiques d'une véritable passoire thermique. Le montant des travaux de rénovation était astronomique. Voilà où nous ont menés les rêves de gloire de certains.

La capacité de gouvernance est mesurée dans une démocratie à l'aptitude d'un ministre à faire cheminer des acteurs souvent très différents et parfois très opposés, sinon vers une solution commune, du moins à s'écouter et à s'entendre pour se donner la possibilité de négocier et d'avancer vers une solution acceptable par le plus grand nombre. La première chose à faire est de poser un diagnostic partagé avant même d'esquisser le début du commencement d'une mesure et d'un calendrier.

Si, pour l'Opéra de Paris, j'avais réglé la question épineuse de la passation de pouvoir entre Stéphane Lissner et Alexander Neef, cette affaire emblématique ne réglait en rien les problèmes de fond de la vénérable institution. Il me fallait, il nous fallait, pour sauver le navire frappé de plein fouet par la crise, un état des lieux sans complaisance.

Tout au long du mois de septembre, j'avais déminé le terrain en recevant les nombreux protagonistes de l'affaire. Incroyables, le temps et la salive qu'il faut user pour un seul dossier ! Alexander Neef avait ouvert le bal avec un menu copieux : la définition d'un nouveau modèle économique, la nomination officielle du nouveau directeur musical, Gustavo Dudamel, le programme d'éducation artistique et culturelle, et surtout l'évocation du projet coûteux de la salle modulable.

Sous un aspect élégant et parfaitement bien élevé, le nouveau directeur est un redoutable loulou à la volonté de fer, plus habitué à rendre des comptes à des actionnaires qu'à une ministre. Malgré cette apparente différence de culture, un je-ne-sais-quoi m'avait fait penser que le courant passerait. La suite confirmera mon intuition. Le 24, Jean-Pierre Clamadieu, le président du conseil d'administration, était sur le gril. Là encore, la commande était simple : il était plus que temps que ce conseil retrouve sa véritable fonction et cesse d'être une simple chambre d'enregistrement.

Les premières informations qui étaient remontées des services avaient confirmé ce que je savais déjà. Des recettes effondrées par la crise, un mécénat en berne et des perspectives inquiétantes si la pandémie se réinstallait. Deux hauts fonctionnaires grands spécialistes de l'Opéra, Georges-François Hirsch et Christophe Tardieu, préparaient un rapport sur les effets de la Covid combinés aux problèmes structurels de l'établissement, qui me servirait pour faire avancer l'ensemble du monde lyrique.

Il faut aussi déminer le terrain auprès de différents interlocuteurs de la machinerie gouvernementale, Bercy et l'Élysée, et faire pièce d'un certain nombre de lieux communs délétères. Certes, l'ONP est l'établissement public culturel le plus financé par l'État, ce qui le met à portée de fusil de tous les pourfendeurs de subventions qui rôdent avec leur escopette dans les couloirs de la direction du budget. Ils ont particulièrement réussi leur coup pendant le quinquennat Hollande, la ministre Aurélie Filippetti considérant que le spectacle lyrique n'était pas sa priorité. Alors que la subvention publique était de 112 millions d'euros en 2010 sous Nicolas Sarkozy, elle n'est plus que de 95 millions. Pour exécuter la moitié de la fréquentation des spectacles lyriques et chorégraphiques des opéras français, l'ONP ne reçoit pour autant que le quart des subventions publiques. En fait, la subvention par spectateur est inférieure à celle de bien des salles étrangères comparables. Ce n'est pas que le bateau prend l'eau : ce sont d'énormes trous dans la coque qui vont le faire sombrer. Il ne suffit plus d'écoper, c'est un radoub qu'il faut mener. Cette crise doit être une opportunité pour réussir les réformes que connaissent toutes les directions de l'Opéra qui se sont succédé depuis vingt ans sans pouvoir ou sans vouloir les mettre en œuvre.

17 septembre 2020

Wagner t'est redevable

Quand, il y a quelques années, je rêvais d'être ministre de la Culture, je me disais que ma première sortie serait consacrée à l'Opéra de Paris. Ce rêve s'est enfin réalisé après plus de deux mois de fonction et, le 17 septembre, après avoir passé la journée à faire visiter le ministère dans le cadre des Journées du patrimoine, à Garnier, je savourais trois symphonies de Mozart avec l'orchestre de l'Opéra sous la baguette du maestro Philippe Jordan. Depuis trois ans, Philippe a été nommé directeur musical de l'opéra de Vienne. Il doit bientôt partir prendre son poste à temps plein et arrêter le tuilage qu'il faisait à Paris. C'était presque une soirée d'au revoir.

Dans le dîner qui suit, au restaurant Coco, sous la houlette d'Alexander Neef, je gronde amicalement le maestro de nous lâcher. Mais, à 42 ans, il est tellement normal qu'un chef d'orchestre de cette classe tente toutes les expériences artistiques pour conforter un parcours exceptionnel. Quand, en juillet 2018, je l'avais entendu diriger de façon éblouissante *Les Maîtres chanteurs de Nuremberg* à Bayreuth, je lui avais envoyé ce message : « Auparavant, tu devais quelque chose à Wagner, maintenant c'est Wagner qui t'est redevable. »

Mais, ce 17 septembre, nous étions déjà nostalgiques en pensant à son départ.

C'est cela qui est frustrant dans la fonction ministérielle : le ministre doit contenir ses émotions et ses passions au profit des négociations budgétaires et des querelles parlementaires. Profitons bien de cette soirée, véritable oasis dans ce monde de brutes et, quand tout cela sera terminé, j'irai à Vienne applaudir et embrasser Philippe Jordan, me suis-je promis en secret !

28 septembre 2020

Première conférence de presse

J'ai revêtu le heaume et la cotte de mailles qui vont bien pour affronter un exercice compliqué, celui de ma première conférence de presse budgétaire de ministre de la Culture. Toutefois je ne suis pas très inquiète, car je vais annoncer une loi de finances avec des chiffres en substantielle augmentation et détailler l'enveloppe budgétaire record de 2 milliards d'euros pour la culture dans le cadre du plan de relance : c'est vraiment pain d'épice et chocolat. Pour l'Opéra de Paris, j'ai dégagé un soutien exceptionnel de 81 millions d'euros, 61 millions d'euros étant destinés à couvrir une grande partie des pertes prévues sur trois ans. Ainsi le message est parfaitement clair : « J'aide le vaisseau amiral de la culture française, mais cela n'enlève rien à l'absolue obligation d'une réforme en profondeur de l'établissement. À bon entendeur, salut. »

Jusqu'ici, j'ai surtout évoqué la crise financière et sociale. Oui, l'Opéra de Paris est au bord de la cessation de paiement. Mais s'ajoute une crise morale d'une profondeur épouvantable et qui frappe l'ensemble du monde de la culture. Les artistes et tous ceux qui les accompagnent sont privés de tout contact avec le public et dans l'impossibilité de maintenir l'excellence, seulement possible par la confrontation réitérée avec le public.

J'invite régulièrement des artistes de toutes les disciplines pour prendre le pouls du milieu. Ce jour d'octobre, j'ai convié trois jeunes interprètes talentueux qui sont déjà des stars de la lyrico-sphère, la soprano Chantal Santon Jeffery, le baryton Florian Sempey et le ténor Stanislas de Barbeyrac. Dans cet après-midi cafardeux, le décor du majestueux salon Jérôme apparaît comme le décor d'un opéra de Puccini et je me dis qu'il ne me reste plus qu'à entonner le grand air de Tosca, *Vissi d'arte, vissi d'amore* – « j'ai vécu d'art, j'ai vécu d'amour ». Comme il vaut mieux éviter de se ridiculiser, je remballe mon aria ! Ils ont, avec d'autres, monté l'association Unisson, qui a pour but de défendre les intérêts moraux et matériels des interprètes lyriques, sévèrement mis à mal par la pandémie. Après avoir accepté leur invitation à assister au concert qu'ils donneront trois jours après à l'Opéra-Comique en soutien au secteur, nous abordons les questions de fond. Tout cela concerne surtout les rapports compliqués entre les maisons d'opéra et les chanteurs. En fait, à part quelques stars que l'on s'arrache et qui tiennent la dragée haute à leurs agents et aux directeurs de casting, les chanteurs lyriques sont dans un tel état d'infériorité et de concurrence qu'ils et elles se sont souvent vu annuler leurs engagements sans aucun dédommagement. De plus, n'étant pas « salariés » au sens juridique du terme, ils ne bénéficient pas des mesures d'aide mises en place par le gouvernement. Je les engage à mener auprès des institutions des opérations judiciaires collectives pour rupture abusive de contrat mais la réaction est immédiate. Stanislas de Barbeyrac : « Le premier de nous qui mène ce combat sera immédiatement black-listé et ne trouvera plus de boulot ! »

Je propose des réunions de travail avec les services juridiques du ministère pour monter des contrats types plus protecteurs quant à la notion de « force majeure » d'annulation, mais il s'agit d'un travail de longue haleine. Utile, certes, mais qui n'apporte pas les solutions d'urgence demandées, outre qu'il faudra une loi pour rendre obligatoires des dispositions applicables seulement en France, alors qu'une carrière lyrique ne se conçoit que dans le monde entier. Je n'ose leur dire que, dans les difficultés qu'affronte le pays, je doute que le sort des chanteurs d'opéra soit le premier souci de Jean Castex.

Florian Sempey décrit la situation de camarades dans une mouise épouvantable. Je me permets de leur faire remarquer gentiment qu'il revenait à la profession de monter des caisses de solidarité abondées par des cotisations. Combien ai-je vu de chanteurs en fin de carrière ou victimes d'accident qui avaient été acclamés sur les plus grandes scènes du monde et avaient mené la vie à grandes guides se retrouver dans le dénuement le plus complet et abandonnés par la profession… Tout le monde en convient autour de la table. Mais je sais une chose : quand la crise sera passée, chacun reprendra son chemin solitaire car c'est aussi cela qui fait la grandeur et la misère d'une carrière lyrique. C'est malheureusement ce qui s'est passé.

Tout au long de cette crise, et au-delà de la situation des artistes lyriques, j'ai été confrontée à des situations inextricables tant l'économie « grise » est répandue dans le monde de la culture : guides-conférenciers payés au pourboire, magiciens, guitaristes, chanteurs rémunérés au chapeau ou parfois avec un simple repas dans des restaurants ou des cabarets, orchestres se produisant dans des cérémonies familiales avec des invités qui glissent un billet dans la poche du musicien. Il y a les artistes qui n'ont aucune activité déclarée mais aussi ceux pour qui une activité complémentaire *au black* est nécessaire pour payer les traites du pavillon ou les études d'un enfant.

Quand le couvre-feu et les fermetures sont arrivés, ce fut la désolation irrémédiable. Deux catégories ont été particulièrement touchées : les jeunes débutants, poussés dehors par les générations montantes, voir un baryton prometteur devenir livreur de pizzas était un crève-cœur ; et les « vieux » qui ont perdu les deux ou trois dernières années de carrière, celles qui ne se rattrapent jamais, laissant un goût de cendre dans le cœur. Nous avons voulu simplifier au maximum les démarches et les justificatifs à présenter, parfois au-delà du raisonnable. Mais tout n'était pas possible quand il s'agit d'argent public, dont nous devons rendre compte aux citoyens, d'autant que les procès médiatiques intentés à de supposés ou avérés profiteurs de crise ont été récurrents. Mais que de chagrins ignorés et de familles dévastées derrière les statistiques ronflantes des aides…

En cette fin novembre, j'avais bien l'audit que j'attendais : le rapport Hirsch-Tardieu n'était pas un robinet d'eau tiède. Chacun était mis devant ses responsabilités : l'État, la direction ou plutôt les directions successives de l'établissement, le conseil d'administration, les syndicats, les metteurs en scène et les artistes. Le calendrier, les méthodes de concertation, les éléments de négociation étaient fixés et chiffrés…

J'ai mené à bien un certain nombre de points, comme l'abandon d'une salle modulable à 60 millions d'euros, et le nouveau directeur a entendu la nécessité de reformer les modalités de programmation. La saison 2022-2023 en témoigne. Mais la réforme en est toujours à la moitié du chemin, la reprise de la pandémie ne se prêtait guère à s'engager sur des chemins disruptifs. Toutefois, je maintiens que rien ne sera possible sans la renégociation d'une convention collective. Sinon une bonne gestion de l'institution sera impossible. Elle doit résulter d'un dialogue loyal avec les syndicats à échéance 2023. Ce dialogue est possible si nous posons une condition *sine qua non* : le maintien du régime spécial de retraite de l'Opéra de Paris. Pour les danseurs et pour les musiciens. Qui peut imaginer, en tutu, sur scène, une noble ballerine sexagénaire ?

Je l'ai dit au président de la République. Il ne m'a pas paru chaud, chaud !

VI.
« Qui t'a fait roi ? »

6 janvier 2021

L'arrivée d'Emmanuel Macron n'a rien changé

Un bon moment en perspective, je me prépare à me rendre à un dîner en tête à tête avec Gérard Larcher. La chère est bonne à la présidence du Sénat, bien loin des nouvelles cuisines diététiques, des plats « déstructurés » ou « revisités ». La saucière tourne et la charlotte au chocolat n'effraie personne. Gérard, à n'en pas douter, m'aura sorti une de ces bonnes bouteilles gardées jalousement dans la cave de la vénérable institution. Sur ce plan, je ne serai pas déçue. L'échange est non seulement courtois mais vraiment amical et nous égrenons les souvenirs. Je connais l'homme depuis des années et nous avons eu plusieurs occasions de travailler en confiance, notamment quand, alors ministre de la Santé, je lui ai confié la mission de mener les groupes de réflexion sur la réforme de l'hôpital, travail qui avait abouti à la loi Hôpital, Patients, Santé, Territoires. Spécialiste du dialogue social, apprécié des syndicats, réputé pour son aptitude à dégripper les conflits, il aurait fait un excellent second Premier ministre du quinquennat de Nicolas Sarkozy. En sortant de ces agapes un peu lourdes, je ressens un vrai malaise, non pas digestif – même si un Alka-Seltzer aurait sans doute été bienvenu… – mais psychologique, devant tant d'aigreur et de ressentiment accumulés contre Emmanuel Macron et la majorité présidentielle, entre les élus locaux et les députés de La République en marche. Ce n'est pas qu'une posture de défenseur de son parti, mais bien un malaise profond.

Neuf ans plus tôt, alors que j'avais décidé de sortir de la vie politique, Gérard Larcher m'avait aimablement conviée à déjeuner. À l'époque, nul n'imaginait que le pays choisirait Emmanuel Macron. On pensait qu'après François Hollande, la droite reviendrait inéluctablement au pouvoir. Les candidats à la candidature étaient tous ancrés dans la politique locale : Juppé à Bordeaux, Fillon dans la Sarthe, et Sarkozy à Neuilly… et la présidentielle ne pouvait échapper à l'un des nôtres. Funeste erreur.

Dès l'élection d'Emmanuel Macron, j'avais bien vu que de nouvelles pratiques politiques allaient être mises en œuvre. Après tout, j'étais du « vieux monde » et, à l'heure des réseaux sociaux, il fallait se mettre au goût du jour. En juin 2017, j'écoutais, éberluée, les déclarations des nouveaux députés macronistes arrivant à l'Assemblée nationale : « C'est ici que nous transformerons la France… », ou « Un député n'est pas une assistante sociale ! ».

Charmant pour tous ceux et toutes celles qui, comme moi et comme tant d'autres, s'étaient escagassés pendant des années pour résoudre les difficultés quotidiennes de leurs concitoyens, pour aider un maire d'une commune rurale à cheminer dans les démarches d'obtention de financements, pour épauler les associations confrontées au mal-être de tant de gens. Charmant pour les élus territoriaux qui sont à la manœuvre pour équiper, valoriser, dynamiser leur région en s'appuyant sur les initiatives des acteurs du territoire. Pire, me remontaient du terrain les déclarations péremptoires de certains de ces nouveaux députés : non, ils ou elles ne feraient pas de permanence en mairie, non, ils ou elles ne participeraient pas à des réunions le soir, non, ils ou elles ne viendraient pas au bal des pompiers pas plus qu'au banquet des anciens combattants car « [eux] aussi, [ils ont] droit à [leur] week-end ». Mon successeur, élu sous l'étiquette LREM, qu'il a abandonnée par la suite, n'a jamais eu de local dédié dans la circonscription.

Pour ces bizuths, biberonnés aux trente-cinq heures et aux cinq semaines de congés payés d'un boulot salarié, les contraintes de la vie parlementaire étaient absurdes. Sans doute mais c'est comme cela qu'on réconcilie Paris et la province, les élites et la France « d'en bas ».

Quelque temps avant de revenir au gouvernement, je discutais avec un maire qui m'annonçait que la députée de la circonscription avait purement et simplement disparu du paysage institutionnel local. Il avait beaucoup insisté pour qu'elle assiste au pot amical qui suivait une réunion de la communauté de communes qu'il avait restructurée et étendue. Trois ans après son élection, elle avait fait une courte apparition et ressemblait à un lapin dans les phares, incapable de reconnaître les maires et d'échanger sur leurs préoccupations… J'interpelle alors l'élu qui me raconte cette anecdote :

— Ils vivent ça comment, tes collègues ?

— Oh, tu sais, le député, on a appris à s'en passer !

En revanche, les huissiers du Palais-Bourbon n'en revenaient pas de voir sur les bancs de l'Hémicycle à 3 heures du matin plus d'une centaine de députés macronistes ! Ceux-ci avaient d'autant plus de mérite qu'on leur demandait surtout de fermer leur gueule et de marcher au son du canon.

Je n'imaginais pas toutefois à quel point la guerre était ouverte entre Paris et la province, entre Emmanuel Macron et les élus locaux. Le président n'en était pas le seul responsable et l'on peut énumérer les burettes d'huile qu'on a supprimées et qui mettaient pourtant du liant dans les rouages de la République. Une des pires suppressions a sans doute été l'interdiction totale du cumul des mandats, pourtant plébiscitée par plus de 90 % des Français. Le député-maire, le sénateur-président de conseil général, montait à Paris, exposait ses problèmes et redescendait en ayant compris pourquoi certaines dispositions législatives étaient pertinentes, d'autant qu'il avait contribué à en gommer quelques aspérités. J'en profite pour faire à ce sujet un *mea culpa* complet car j'ai été une défenseure ardente de l'interdiction du cumul[1].

Autre idiotie : la suppression de la réserve parlementaire, petite poche d'argent mise à disposition de chaque parlementaire pour financer la remise en état d'un local sportif ou aider une petite association, dispositif qui mettait un peu de souplesse dans le fonctionnement si compliqué du financement public.

Par ailleurs, les ministres et les parlementaires ont été soumis à un flicage permanent de plus en plus agressif sur leur vie privée et leur train de vie, histoire de recruter le moins possible de gens vraiment intéressants. Les réseaux sociaux mettent en lumière la moindre déclaration hasardeuse commise lorsque l'intéressé était adolescent. Aucun droit à l'erreur ou au repentir. Les médias – y compris ceux de référence – mêlent séquences d'information et amuseurs, instituant ces derniers comme de véritables éditorialistes.

Pas étonnant alors que les vraies personnalités des deux partis de gouvernement aient choisi leur mandat local, comme Wauquiez, Bertrand, Muselier, Estrosi, Pécresse, Delga, Le Foll, et tant d'autres, laissant les sous-fifres trôner au Parlement. Bien au chaud dans leurs forteresses locales, ils canardent un « Paris » responsable de tous les maux. Quand une usine s'installe, l'élu vante sa politique économique qui aurait permis cet exploit. Que l'usine mette la clé sous la porte, l'élu se met aux abris en n'en sort que pour bramer contre l'État, qui « ne fait rien ».

L'arrivée d'Emmanuel Macron n'a rien arrangé au fond. Cette guerre larvée ne s'est pas transformée en un affrontement courtois et constructif. En soi, l'élection de ce jeune président, jamais passé par les fourches caudines du plus petit mandat local, jetait sur lui le soupçon récurrent d'ignorer les réalités du terrain. Son parcours universitaire et ses fonctions professionnelles l'avaient toujours maintenu, selon les médias, dans un environnement parisien et élitiste qui alimentait une image déconnectée.

Cette vision étriquée du président de la République est certainement injuste d'autant qu'elle est alimentée par des adversaires bien en peine de lui opposer des arguments charpentés. Il aurait fallu alors que les nouveaux députés de la majorité présidentielle se transforment en *missi dominici* de la personne et des idées du président. Ils et elles ont été sommés de faire exactement le contraire et, je le répète, c'est bien Emmanuel Macron qui le leur a demandé. Par la suite, beaucoup de ces novices se sont rendu compte assez vite qu'on les avait menés dans le mur, ont opéré un retour aux sources et délaissé un Parlement où ils comptaient pour du beurre. Mais le temps perdu ne se rattrape jamais. Je note d'ailleurs que, recevant les députés de la majorité à l'Élysée en juillet 2022 quelques heures après la déclaration de politique générale d'Élisabeth Borne, le président leur demanda de mieux sillonner leurs circonscriptions et leur asséna : « Je vous demande de savoir organiser votre temps à l'Assemblée pour garder du temps dans vos territoires » afin de préparer les futures échéances. Et poursuivit : « Vous devez être en campagne permanente. Il faut que la peur et le risque du combat ne soient pas chez nous[2]. »

Les mauvais esprits ont tout de suite pensé : « Ouh là, ça sent la dissolution. » Comme je suis un esprit simple, j'ai failli tomber de ma chaise en me réjouissant que le vieux monde soit revenu mais en regrettant que le président ait attendu de ne bénéficier que d'une majorité relative pour enclencher son rétropédalage.

10 juillet 2020

Flash-back : « Les élus locaux ne sont pas blanc-bleu »

À peine trois jours après ma prise de fonctions, j'effectue à Strasbourg ma première visite en région, le début d'une longue série de cent quarante-quatre déplacements qui vont m'emporter dans toutes les régions de France au cours de ces vingt-deux mois[3]. Le but de ce périple est d'aller à la rencontre d'une expérience d'été culturel animé par Stanislas Nordey, directeur du Théâtre national de Strasbourg, au collège Sophie-Germain, où le président de la commission des affaires culturelles, Bruno Studer, fut professeur d'histoire-géographie. L'expérience est passionnante avec des enfants hyper-motivés. Visite de la direction régionale des affaires culturelles, rencontre avec les élus locaux, discussions avec les comédiens et les élèves, conférence de presse avec la presse quotidienne régionale, je me sens à l'aise dans cet exercice de terrain que je pratique depuis quarante ans. J'en connais les us et coutumes, les pièges et les fatigues. Tout au long de ces cheminements, je retrouve de vieux copains, souvent d'anciens parlementaires socialistes ou LR qui se sont repliés sur leurs mandats locaux, et, lors du déjeuner républicain en préfecture, sur le mode banquet d'anciens combattants, nous évoquons nos souvenirs, y compris ceux de nos altercations homériques sur les bancs de l'Assemblée.

Ces liens privilégiés que j'ai bâtis patiemment vont m'être particulièrement utiles dans un contexte où quasiment toutes les structures culturelles en région – y compris celles qui relèvent de la stricte tutelle de l'État – bénéficient de financements croisés. Il convient de ménager les susceptibilités d'élus bien décidés à faire fructifier la plus minime subvention au bénéfice de leur réélection tout en piétinant le gouvernement, accusé d'impérialisme, de mépris et de désengagement.

J'en profite pour faire pièce toutefois d'une image récurrente véhiculée par nombre d'élus locaux et également par la Cour des comptes[4], ce qui est plus étrange. Les « sages » de la rue Cambon mettent en parallèle le budget de la Mission culture, qu'ils chiffrent à 3 milliards d'euros[5], avec les 10 milliards supposément mis sur la table par les collectivités territoriales. Dommage que les comparaisons ne portent pas sur le paquet total des politiques culturelles de l'État, les 675 millions d'euros de la Mission médias, livres et industries culturelles, les 750 millions de taxes affectées, les 2,1 milliards de dépenses fiscales, les 4 milliards de dépenses culturelles des autres ministères et les 3,7 milliards de la contribution à l'audiovisuel public ! Soyons clairs : même si, petit à petit, l'écart s'est resserré, il s'agit bien de 15 milliards de dépenses culturelles de la part de l'État et 9 milliards de la part des collectivités locales.

Quand les lois de décentralisation ont été votées en 1982-1983, les premiers conseils généraux élus dans ce cadre, en 1982, puis les conseils régionaux, en 1986, n'ont pas saisi immédiatement les fantastiques leviers de *soft power* que pouvait leur apporter une politique culturelle. Élue au conseil général[6] de Maine-et-Loire en 1982 et au conseil régional des Pays de la Loire en 1986, je peux témoigner que la culture était le cadet des soucis de mes collègues qui restaient bloqués sur leurs maigres prérogatives d'avant la décentralisation. On discutait des heures durant sur la réfection d'un chemin vicinal ou la subvention à l'association de défense du cheval de trait percheron (oui, je vous jure que ce n'est pas une blague…) et on expédiait en trente minutes la politique sociale du département, qui mobilisait plus de 50 % du budget. Les structures et les manifestations culturelles en province relevaient dans leur grande majorité d'initiatives étatiques, tels le Festival d'Angers[7], créé en 1950 par le préfet Jean Morin, ou l'Orchestre philharmonique des Pays de la Loire, créé en 1970 à l'initiative de Marcel Landowski, alors directeur de la musique au ministère de la Culture.

Beaucoup d'élus renâclaient à ces initiatives, comme Jean Monnier, le maire d'Angers, qui passait la parole lors du conseil municipal[8] à l'adjoint à la culture avec un long soupir résigné et un incipit moqueur et dévalorisant : « Bon, c'est le tour des cultureux… » Invité à signer le livre d'or à l'occasion de l'inauguration du

Fonds régional d'art contemporain, il avait apposé son paraphe sous une phrase qui mériterait de rester dans les annales : « Ne serait-ce pas ce qu'on appelle du foutage de gueule ?! » Pour les nouveaux bâtiments, le maire, seul maître à bord, choisissait de les orner d'œuvres conventionnelles qui ne risquaient nullement d'effaroucher le bourgeois. Pour lui, la culture résidait essentiellement dans la restauration du patrimoine et les représentations du théâtre classique. Heureusement, il avait embarqué quelques élus plus imaginatifs et dynamiques, comme l'ami Gérard Pillet, l'initiateur du festival de cinéma Premiers Plans, dont le rayonnement dépasse aujourd'hui nos frontières. Petit à petit, sous l'impulsion de personnalités comme Olivier Guichard, le puissant président de la région ligérienne – que je considère comme mon second père en politique –, nous mettions en place des politiques culturelles originales. Ainsi avons-nous instauré, il y a presque quarante ans, le premier Pass Culture-Sport, une politique globale du livre avec, entre autres, la constitution d'une bibliothèque familiale, en offrant des ouvrages aux nouveaux mariés, et une participation aux salons du livre pour promouvoir les auteurs ligériens. Sans oublier tant d'autres initiatives, comme le soutien aux projets de création ou la construction de complexes culturels en milieu rural. Quand j'ai fait, par la suite, la promotion du Pass Culture, présenté comme une démarche profondément originale voulue par Emmanuel Macron, cela me faisait doucement rigoler, mais chut…

Au cours de ces années, j'avais participé à cette montée en charge de la décentralisation. Tout cela n'est pas allé sans cahots, l'État étant régulièrement accusé de transférer des charges sans transférer les recettes afférentes, et d'alourdir les procédures. Les collectivités étaient, elles, soupçonnées de toujours se plaindre et de ne pas exercer pleinement des responsabilités qu'elles avaient pourtant exigées. Comme si chaque élu local avait intériorisé l'héritage d'un État jacobin dispensateur de la manne financière.

Il faut dire que cette tension ne faisait que poursuivre une constante de notre histoire. En 996, Aldebert Ier, comte de la Marche, est sommé par le roi Hugues Capet de lever le siège de Tours. Il refuse et Hugues le tance alors :

— Qui t'a fait comte ?

Bravache, Aldebert lui répond :

— Qui t'a fait roi ?

Certes, ce ne sont plus les élus locaux qui, comme au début de la Ve République, élisent le président de la République, alors que ce sont bien les grands vassaux qui ont élu roi le robertien Hugues Capet et mis fin à la dynastie des Carolingiens, en 987. Toute l'histoire de l'Ancien Régime est émaillée de ces dissensions allant jusqu'au conflit armé, comme lors de la Fronde. Sans compter les complots sourds qui mineront la vie de cour à Versailles, bâti pour mettre à quia les féodaux. La Révolution française voit perdurer des conflits sanglants, entre Girondins et Jacobins et surtout le sinistre populicide des guerres de Vendée. Encore aujourd'hui, la France n'échappe pas aux revendications d'autonomie et d'indépendance, qu'elles viennent de Bretagne, du Pays basque, de Corse ou des outre-mer. Malgré ces escarmouches continuelles, le gouvernement et les collectivités arrivent cahin-caha à vivre ensemble.

Pour autant, les élus locaux sont loin d'être blanc-bleu ! Les collectivités locales sont tenues presque exclusivement par LR et PS, sévèrement défaits en 2017, puis laminés en 2022. Les ténors socialistes et républicains se sont réfugiés dans leur bunker et ont tiré à boulets rouges sur le président et le gouvernement. Accusations sans fondement de baisses de dotations, procès en illégitimité, mises en cause injurieuses comme celle, parmi tant d'autres, de Laurent Wauquiez accusant Emmanuel Macron d'« être hanté par la haine de la province », lui refusant d'éprouver un « amour charnel pour la France » et dénonçant son « désert de l'âme[9] ». Des propos d'une obscénité rarement atteinte qui ont amené certains commentateurs à se demander perfidement s'il ne s'agissait pas d'un autoportrait, puisque, comme le soulignait François Mauriac, « on ne parle jamais que de soi » ! Tout au long de ce quinquennat, l'affrontement s'est poursuivi, électrisé par les Gilets jaunes, perverti par la pandémie, hystérisé par les élections locales.

Ces attaques incessantes contre l'État peuvent prendre des proportions hallucinantes. Souvenir, souvenir. Le 25 septembre 2020, est organisée à La Seine musicale, sur l'île Seguin à Boulogne-Billancourt, une cérémonie d'hommages à Patrick Devedjian, décédé de la Covid quelques mois plus tôt. Malgré la surdotation patente de Paris et de sa proche banlieue en grands équipements culturels, Patrick, alors président du conseil général des Hauts-de-Seine, avait voulu cette salle de concerts et de spectacle, inaugurée en 2017, et ce n'est que justice que son nom ait été donné ultérieurement au grand auditorium de ce complexe. J'avais tenu à être présente même si on avait prudemment averti mon cabinet qu'on ne souhaitait pas que je prenne la parole alors que Patrick avait été mon collègue au gouvernement, outre qu'il était un bon copain sur le plan personnel. J'aurais dû me méfier ! La cohorte interminable des orateurs qui vont se succéder se livre à une attaque en règle contre l'État et le gouvernement dans des termes souvent inacceptables. Plusieurs fois, au cours de la soirée, j'ai été tentée de lever le camp et sans doute l'aurais-je fait s'il ne s'était pas agi d'un hommage à un ami disparu, d'autant que j'étais assise aux côtés de son épouse, Sophie. Que le département le plus riche de France – après Paris – décide de s'offrir un équipement culturel de

170 millions d'euros sur un terrain de 2,5 hectares offert pour un euro par la commune de Boulogne-Billancourt avec le cofinancement d'un consortium Bouygues-Sodexo-OFI Intravia-TF1, c'est son affaire et cela relève de sa libre administration. Les Hauts-de-Seine, avec une capacité annuelle d'investissements de plus de 700 millions d'euros, n'ont aucune difficulté pour boucler un pareil tour de table et il n'y a aucune raison que le ministère de la Culture y participe. Il en a d'autant moins la possibilité que, deux ans auparavant, dans la partie la plus défavorisée du Nord-Est parisien, a été inaugurée la Philharmonie de Paris, dont le coût final s'élèvera à quasiment 400 millions d'euros, financés à 45 % par le ministère ! Je rappelle au passage que 80 % des crédits culture de l'État vont à l'Île-de-France… J'écumais littéralement de rage sans aucune possibilité de répliquer sauf à me déconsidérer complètement.

10 janvier 2021

Nos élus ont besoin d'y voir clair

Une tâche me tenait particulièrement à cœur : aller à la rencontre des agents de l'État, y compris ceux qui ne relevaient pas directement de mon autorité. Ne sont-ils pas régulièrement mis en cause par des collectivités territoriales qui ont vu dans la crise l'occasion de tirer les marrons du feu ?

L'affaire des masques fut à cet égard significative. Oui, c'est vrai, les gouvernements Hollande avaient laissé un stock complètement dégradé à leurs successeurs. Il serait ridicule de nier que la prise en compte de ce dénuement a tardé, Olivier Véran l'a reconnu avec beaucoup de lucidité. Les maires, les présidents de conseils départementaux se sont alors précipités dans des achats désordonnés de masques en en faisant une pure opération de communication politique et en désorganisant complètement une allocation rationnelle des matériels. On a vu la présidente de la région Île-de-France se transformer en facteur et porter des cartons de masques dans les mairies sous les objectifs complaisants des caméras de télévision. Un préfet me confiait qu'un grand élu s'était même fait photographier devant les cartons de masques payés par l'État et il concluait piteusement :

— Que voulez-vous, madame la ministre ? J'ai deux agents dans mon service communication, lui en a quatre-vingt-deux ! Je ne fais pas le poids.

Un président de conseil départemental m'avait indiqué avec gloriole que le gouvernement avait été incapable d'anticiper alors que lui, évidemment… « Anticiper, lui avais-je rétorqué, anticiper alors que la crise est là et que tout le monde achète des masques et au prix fort ? Tu parles ! » Déchaînée, je continuai :

« Anticiper, mon vieux, c'eût été – alors que tu es en charge des personnes âgées – de mettre en place des circuits logistiques protecteurs dans les Ehpad dont tu as la responsabilité et de prévoir les stocks de matériel à usage unique. Je te rappelle que c'était à toi de le faire. Vous bramez sans arrêt pour qu'on vous confie de nouvelles responsabilités et vous ne les assurez pas. »

Furieux, il partit la tête basse, incapable de se justifier.

On peut en dire autant des maires présidents des conseils de surveillance des hôpitaux. Surveiller, ce n'est pas une fonction honorifique. Cela consiste à poser les bonnes questions : « Vous savez que maintenant les stocks de masques doivent être faits au niveau de chaque établissement. Où en est-on ? »

Quid des présidents de conseils régionaux chargés de l'animation économique ? Lequel a constitué en avance de phase une filière régionale de fabrication de masques ?

Voir ces cohortes d'élus parader en tançant le gouvernement relevait d'une véritable imposture. Voir, de plus, certains membres de la majorité saisis du syndrome de Stockholm[10] en rajouter dans l'autoflagellation au nom d'une insupportable culture de l'excuse me brisait le cœur.

Pour ma part, ayant exercé de nombreux mandats locaux, malgré cette ambiance hostile, je me suis attachée tout au long de ces vingt-deux mois à multiplier les instances de concertation tant auprès de moi, avec le Conseil national des élus pour la culture, qu'auprès des instances préfectorales, régulièrement consultées sur chaque dossier majeur, qu'il ressorte de la gestion de la pandémie ou de l'accueil des artistes ukrainiens. Je n'ai procédé à aucune nomination qui n'ait pas reçu l'assentiment de l'élu du secteur, même si elle était de ma stricte responsabilité. Si nos positions étaient par trop éloignées, j'ai proposé une solution de compromis acceptable par les deux parties. De même, j'ai mené une politique de féminisation et de dynamisation de nos directions régionales des affaires culturelles (Drac). Celles-ci connaissent parfaitement les élus et les territoires, même si la désastreuse réforme des « grandes régions » de François Hollande a conduit les directeurs régionaux à passer leur temps en voiture.

Retour sur le 13 novembre 2015

Le Café du Croissant

Ah ! François Hollande ! Comment détester un socialiste qui trompe sa compagne officielle en se rendant à scooter chez sa maîtresse, à cent mètres de sa résidence, légalise le « mariage pour tous », assure que mener une guerre postcoloniale en Afrique est le plus beau jour de sa vie, imagine une loi Travail dont même la droite n'aurait pas rêvé, institue la déchéance de nationalité, met son gouvernement à feu et à sang en expulsant une gamine kosovare, Leonarda, qui va le couvrir de ridicule, couve dans son sein le jeune ministre qui va le détruire et décide finalement de ne pas se représenter !

Pour ma part, je n'ai que de bons souvenirs de François Hollande. Il est drôle, prévenant et il ne se prend pas pour Jules César. L'image de lui qui l'emporte est bien celle de la dignité dont il a fait preuve en cette funeste nuit d'attentats qui se termina par le massacre du Bataclan.

Mais auparavant, la journée avait été marquée par un épisode tragicomique. Hollande, continuant la tradition instaurée par Jacques Chirac, réunissait un petit jury décontracté : Pierre Lescure, Patrick Pelloux, Isabelle Giordano et moi-même, et nous choisissions sa meilleure photo de l'année. Ce jury délibérait lors d'un plantureux repas qui tranchait singulièrement avec les bols de fromage blanc de Nicolas Sarkozy et, surtout, le plateau de fromages avait fait son grand retour sur la table présidentielle, juste avant la charlotte au chocolat noyée de crème anglaise. Ce jour-là, la remise des prix avait lieu dans la salle des Fêtes de l'Élysée et, terrible signe prémonitoire en cette fin de matinée, la photographie primée était celle de François Hollande au Café du Croissant, où Jean Jaurès fut assassiné. Le lauréat, Yoan Valat, monte sur l'estrade recevoir son prix et, au lieu de remercier le président, exprime sa grande satisfaction d'avoir été désigné par un jury où siège… Roselyne Bachelot. Hilarité générale.

Quelques minutes après, François s'approche de moi et me glisse à l'oreille : « Finalement c'est toi que j'aurais dû prendre comme conseiller en communication ! »

Tout Hollande est là : un sens de la dérision féroce où il ne s'épargne jamais lui-même.

Quittons donc la présidence, le président et retournons sur le terrain et dans les directions régionales des affaires culturelles. Le lien Drac-territoires fonctionnait, le lien Drac-ministre était par trop distendu. Il fallait le reconstruire patiemment. Je pense y être arrivée même si ce travail de fond avec les administrations que vous pilotez ne reçoit jamais d'écho médiatique.

Une des grandes sources de perturbation de la vie démocratique vient de cette rupture entre pouvoir central et local. Réparer ce lien terriblement abîmé est une ardente obligation pour le gouvernement issu des élections de 2022, même si on peut regretter que 60 % des ministres actuels n'aient – hélas ! – jamais assuré de mandat électif local ! Toutefois, je note qu'Élisabeth Borne, qui n'a elle-même jamais exercé la moindre fonction locale, a plusieurs fois insisté dans son discours de politique générale sur la nécessité de mieux associer les élus locaux au processus de décision. Espérons que ce ne soient pas des propos de tribune ! Les responsabilités sont partagées et chacune des parties doit faire un pas vers l'autre.

Contrairement à beaucoup, je suis hostile à l'idée d'une « nouvelle étape de la décentralisation ». Mes amis de LR ou ce qu'il en reste – et c'est un paradoxe dans ce parti qui s'y est opposé lors de la mise en place des lois de 1982 et 1983 – en sont, à l'instar de Gérard Larcher, les plus ardents défenseurs. Commençons par faire marcher ce qui existe, par clarifier des textes parfois abscons et même contradictoires, par apurer des conflits absurdes. Notre pays a besoin de stabilité, nos élus ont besoin d'y voir clair, nos concitoyens ont besoin de simplicité. Toutefois, je suis persuadée que la contractualisation est une démarche riche de sens et de promesse. Confier ponctuellement, sur une durée fixée, une opération qui relève de l'État – une opération d'équipement, la gestion d'une structure, le pilotage d'une manifestation – à une collectivité volontaire, sans l'encombrer d'un cahier des charges tatillon mais avec des rendez-vous d'évaluation partagée, tout cela doit se développer dans la confiance et le respect mutuels.

Pour la culture, une nouvelle étape de la décentralisation ne sera que le dépeçage du ministère, réduit au rôle d'une agence d'évaluation et de conseil. Encore faut-il lui maintenir l'arsenal juridique qui lui permettra d'encadrer certains projets contestables de réhabilitation de centres urbains par des maires démolisseurs.

Cette réconciliation ne dépend que des femmes et des hommes qui exercent le pouvoir, elle n'exige ni grand soir ni réforme constitutionnelle. C'est simple : il faut renoncer à son ego et ça, c'est sans doute le plus dur.

VII.
Ave César !

Ce premier semestre de 2021 fut un cauchemar. Il était bien normal que le monde du spectacle vivant et du cinéma exprime sa frustration, son incompréhension et son désespoir lors de l'interminable trou noir de la fermeture des salles. Tous ces sentiments étaient, de plus, exacerbés par des promesses maladroites de réouverture qui se révélaient impossibles à tenir alors que notre système de santé disjonctait et que nos soignants étaient à bout. Les retards et les loupés dans le lancement de la campagne de vaccination apportaient du grain à moudre aux militants de mesures de protection maximalistes.

La camarilla des intégristes sanitaires avait littéralement pris le pouvoir, et mes tentatives réitérées d'assouplissement se heurtaient à un mur infranchissable. Que ce soit lors de la réunion de la cellule de crise du mardi soir en visioconférence sous la présidence de Jean Castex, ou du Conseil de défense avec Emmanuel Macron, j'ai eu le sentiment pénible d'être écoutée sur le mode : « C'est encore Bachelot avec ses cultureux, y a qu'à attendre qu'elle ait fini son numéro et on passera aux choses sérieuses. » Chacune de ces réunions était pour moi l'occasion d'un combat sans fin pour tenter de desserrer l'étau et nos experts sanitaires étaient bien en peine de nous fournir une argumentation solide pour nous expliquer pourquoi il était plus dangereux d'être dans un théâtre que dans une rame de métro.

Le comble de la mauvaise foi a été atteint en décembre, quand j'ai plaidé pour la réouverture des musées et des galeries d'exposition et qu'il m'a été rétorqué qu'effectivement il n'y avait pas de risque de contamination mais que cela entraînerait des demandes reconventionnelles des autres secteurs ! C'était donc une connerie, et revendiqué comme tel. Plusieurs fois j'ai pensé à abandonner le combat. Mais pour qui ? pour quoi ? Je ne regrette pas d'avoir tenu bon. À force d'entêtement, et même s'il a fallu serrer les dents, j'ai gagné des positions et des arbitrages budgétaires.

Malgré ce combat acharné et la mobilisation sans faille de tout le ministère pour bâtir les protections qui ont sauvé le monde de la culture, j'ai été désignée comme bouc émissaire par certains, comme Benjamin Biolay, qui curieusement n'étaient pas les plus à plaindre du système. Encore aujourd'hui, alors que tout cela est derrière nous, du moins espérons-le, le chanteur-compositeur-acteur-etc. continue la guéguerre sur les réseaux sociaux avec des propos désobligeants. J'aime bien ses albums, il lui sera donc beaucoup pardonné et puis, être traitée de fan de Wagner n'est pas vraiment une insulte ! Ce qui était encore moins acceptable était que certaines organisations aient instrumentalisé la situation à leur seul profit et pour porter des revendications étrangères à la culture. La CGT par exemple a joué cavalier seul en laissant sur le bas-côté les autres syndicats et en exerçant un véritable chantage sur les organisateurs publics et privés par l'organisation des happenings revendicatifs sur le mode : « Vous nous laissez prendre la parole en début du spectacle ou on bousille le truc ! »

Ce *bashing* trouva son apogée dans une séquence Victoires de la musique-occupation de l'Odéon-Nuit des Césars qui se déroula du 24 février au 12 mars 2021. Puisque la malédiction était sur moi, ce fut ce 12 mars que le coronavirus me contaminait et, une semaine après, j'étais en soins intensifs.

24 février 2021

Roulée dans la farine

J'arrive à Lyon pour la soirée des Victoires de la musique classique. C'est le bordel version trois étoiles. La CGT-Spectacles exige de lire une déclaration de condamnation de la politique gouvernementale sur la scène alors que la cérémonie est retransmise en direct sur France Télévisions. Si celle-ci ne cède pas, le syndicat se fait fort d'en empêcher le déroulement. Panique dans l'équipe de France 3, venue avec plusieurs camions de matériel, des dizaines de techniciens et le duo Stéphane Bern-Marina Chiche comme présentateurs et qui sont déjà en loge maquillage. On m'indique que si j'acceptais de recevoir les manifestants, on pourrait peut-être négocier un accord. Au point où on en est, pourquoi pas. Le préfet, Pascal Mailhos – toujours remarquablement efficient –, organise la rencontre à la préfecture avec l'appui de ma conseillère sociale, Soizic Wattinne. Je rappelle les engagements du gouvernement, écoute les déclarations et nous topons : cinq minutes en début d'émission avec l'engagement formel que ne sera évoquée que la situation de la culture.

Et voilà comment on se fait rouler dans la farine ! Je suis assise au balcon, dans l'obscurité, puisque le parterre de l'auditorium de Lyon est occupé par des figurants espacés et rémunérés (!) faisant office de public. Les deux manifestants déboulent et imperturbablement nous infligent un discours débridé. Tout y passe : de la réforme de l'assurance chômage – qui ne concerne pas les intermittents – à la situation de l'hôpital, sans que je puisse à aucun moment répliquer. Dans le rôle de la cocue qui paie la chambre, c'est sûr, je vais recevoir une Victoire. L'on arrive à une situation extravagante où le service public de l'audiovisuel est instrumentalisé sans qu'un débat démocratique et équilibré puisse s'y dérouler. Et dire que les opposants reprochent au gouvernement d'occuper les écrans ! Alors que, dans le spectacle et les médias, aucun débat contradictoire n'existe !

Le plus hallucinant est que le système de l'intermittence protège d'une façon inégalée les artistes et les techniciens du spectacle. Rafraîchissons-nous la mémoire avec un peu d'histoire. Tout commence en 1936, mais pas grâce au gouvernement du Front populaire, comme me l'avait soutenu un cégétiste[1]. Ce sont les employeurs du secteur qui ont imaginé ce statut de multisalarié. À cette époque, alors que le cinéma devenait une véritable industrie, le patronat avait du mal à recruter du personnel technique. Les travailleurs préféraient les emplois pérennes aux emplois « intermittents » des tournages. C'est donc à ce moment que sont jetées les bases d'un système unique dans le monde, qui se verra complété et étendu au cours des décennies suivantes[2]. Un intermittent[3] qui justifie de cinq cent sept heures de travail dans les douze mois avant la fin de son dernier contrat est donc indemnisé, y compris s'il travaille, à condition que ses revenus professionnels ne dépassent pas 4 000 euros mensuels.

Mon prédécesseur Franck Riester avait obtenu que, compte tenu de la crise covidaire, les cinq cent sept heures soient recherchées non sur une année, mais sur deux, d'où le nom d'« année blanche » donnée à une mesure dont le coût a représenté un milliard d'euros de dépenses supplémentaires. Par la suite, à la sortie de l'année blanche, le 31 août 2021, j'ai pris un certain nombre de mesures – dont une prolongation de l'année blanche de quatre mois – qui ont protégé pendant seize mois supplémentaires les intermittents. À ce sujet, la grande cantatrice Marie-Nicole Lemieux déclarait avec son incroyable accent québécois au micro de France Musique : « Vous ne vous rendez pas compte, vous, les Français ! Vous vivez dans un pays de cocagne ! »

Alors que Franck et moi nous battons pour préserver l'exception culturelle française à coups de milliards et de dispositifs sophistiqués, nous sommes interpellés et vilipendés par les artistes les plus friqués, comme Benjamin Biolay, encore lui, qui me jette à la figure en plein spectacle : « Vous m'avez mis au pain sec ! »

Sa tartine en tout cas était bien beurrée et des deux côtés.

La même chose m'est arrivée avec une autre artiste dont j'apprécie par ailleurs le talent, Clara Luciani. Celle-ci m'interpelle avec méchanceté au mois d'août 2020 : « Vous passez de bonnes vacances, Mme Roselyne Bachelot ? Parce que nous, on a mal au bide et au cœur et on attend des réponses qui n'arrivent pas. »

J'avais été blessée par cette attaque qui me présentait de fait comme une femme paresseuse et insensible, mais, comprenant la rancœur exprimée, j'avais jugé qu'il n'était pas opportun d'ouvrir la polémique. Hélas, à la rentrée, l'émission *C à vous* repasse l'interpellation de la chanteuse et me demande de réagir. Je tente de modérer mes propos même si, moi aussi, j'ai mal au cœur : « Je trouve ça inutile. Comme si je me tournais les pouces rue de Valois ! Vous connaissez la vie des ministres. C'est… [je cherche un mot quelques secondes] mesquin. »

Une réponse fulminante n'a pas tardé : « Ce que je trouve mesquin, […] c'est de me répondre des semaines plus tard[4] […]. Je ne suis pas à une déception près […] La seule chose qui compte c'est que la culture puisse reprendre des forces petit à petit. »

Au moins, sur ce dernier point, nous étions totalement d'accord.

Mais moi aussi, je n'en étais pas à une déception près. Travailler jour et nuit, se battre pour arracher des milliards pour la culture et se faire incendier par des artistes aux cachets somptueux et qui n'ont pas un mot ni pour les soignants, ni pour les malades, ni pour leurs familles, ça fout les boules.

Dans la salle de La Seine musicale, le 11 février 2022, une Victoire de la musique récompensait Clara Luciani pour son album *Cœur* comme « artiste féminine de l'année ». Même si ma préférée était Juliette Armanet, j'étais heureuse pour elle et j'espère que son succès a relégué au loin son aigreur et sa rancune.

Tout au long de cette crise, je suis restée scotchée par le double langage de ce milieu. Quand on passait saluer les artistes dans leur loge, les témoignages de gratitude étaient constants. En revanche, à la télévision et à la radio, la hargne et la victimisation se déployaient. J'ai mis du temps à comprendre que, là encore, il convenait aussi de donner des gages aux techniciens qui sont la colonne vertébrale de l'intermittence, sauf à voir les tournées dans les festivals ou les Zénith compromises. Beaucoup se rappelaient la tentative de réforme du régime d'intermittence en 2003 par Jean-Pierre Raffarin avec l'appui de la CFDT. L'été 2003 avait vu des grèves massives et la suppression des festivals d'Aix, d'Avignon, des Francofolies et de bien d'autres. Bientôt les intermittents avaient eu la peau du ministre Jean-Jacques Aillagon, remplacé par Renaud Donnedieu de Vabres. Depuis, tous les ministres de la rue de Valois savent qu'il vaut mieux éviter de finir avec sa tête empaillée sur le mur de la CGT-Spectacles ! Telle est la tragédie de notre pays : toutes les parties prenantes – y compris les syndicalistes – conviennent en privé que le système est injuste et pervers mais le premier qui l'avouera publiquement sera pendu haut et court.

Il est comme cela des vaches sacrées qui se promènent dans le paysage institutionnel et le moindre des paradoxes n'est pas de voir les syndicats se battre pour faire perdurer un système archaïque imaginé par un patronat de combat, et utilisé, malgré la suppression de quelques excès par trop indéfendables, par les grandes entreprises de l'audiovisuel au risque d'une précarisation généralisée. Nous sommes tous complices mais le premier qui bouge sera désigné ennemi de l'art et de la culture.

4 mars 2021

« Ma poulette, les emmerdements te viendront en pleine poire ! »

L'Odéon est « occupé ». À l'initiative de la CGT-Culture, un mouvement, qui se veut général, d'occupation des lieux culturels est lancé. Depuis leur fermeture totale, fin octobre 2020, et les reports réitérés d'une sortie de crise, je suis sommée de « rouvrir les salles » alors que cette décision relève évidemment du président de la République. Une fois de plus, je sers donc de paratonnerre, concentrant sur ma tête les mises en cause et les injures. Je l'ai d'autant plus mauvaise que les collègues ministres sont tous aux abris. Mais, là encore, j'ai l'habitude. Serrer les dents, c'est précisément mon état d'esprit en ce samedi 6 mars au soir. Les notes du ministère de l'Intérieur indiquent qu'une trentaine d'intermittents occupent l'Odéon depuis jeudi. Devant l'échec répété des manifestations organisées par la CGT et son incapacité à réaliser la fameuse convergence des luttes, celle-ci avait donc décidé de changer de méthodes. La grande manifestation générale place de la Bastille du 15 décembre 2020 avait certes rassemblé quelques milliers de personnes mais loin des objectifs affichés des organisateurs. Quant aux trois rassemblements sur la place du Palais-Royal devant le ministère, le décompte maximal avait culminé à trente-quatre manifestants…

Malgré la surmédiatisation de ce mouvement d'occupation, il faut bien reconnaître que le succès n'était pas non plus au rendez-vous. Une fois de plus, l'analyste impartial est toujours étonné de l'écart entre le boucan médiatique et les militants réellement en mouvement. Sur les trois mille huit cents lieux de diffusion culturelle[5], à peine cent seront occupés, dans la majorité d'entre eux avec moins d'une dizaine de participants. Outre les militants, on relève clochards, punks à chiens, étudiants et lycéens parfois mineurs. Certains laisseront les lieux dans un état révoltant – excréments sur le sol, déchets alimentaires, destructions causées par des débuts d'incendie[6]. Mon premier mouvement serait donc de laisser cela s'effilocher sans intervenir, le pourrissement d'un tel capharnaüm étant inévitable. Par ailleurs, recourir à la force publique dans une institution culturelle est toujours vécu comme l'agression d'un État alors qualifié de « totalitaire », contre le monde du Beau et du Bien. Ce n'est vraiment pas le moment d'hystériser un milieu artistique épuisé de frustrations. Nous en convenons aisément avec Gérald Darmanin, le ministre de l'Intérieur : sauf trouble grave à l'ordre public, comme cela se produira plus tard au Grand Théâtre de Bordeaux, les forces de l'ordre resteront en périphérie de site.

Oui, mais l'Odéon, c'est l'Odéon, et ce théâtre mythique n'est pas un lieu comme les autres. Toute l'histoire de Mai 68 me saute à la figure en cette soirée. L'appel, de Censier, de Jean-Jacques Lebel et de Paul Virilio[7] à occuper le théâtre de l'Odéon présenté en symbole de la culture d'État gaulliste, amènera plus de trois mille manifestants, ouvriers, artistes, intellectuels, à se réunir dans les lieux pour dénoncer l'inféodation de la culture à la politique. Autour de Jean-Louis Barrault, on débattait alors de création, de liberté d'expression, d'agitation révolutionnaire, du rôle politique de l'artiste. C'est précisément à ce moment que Georges Planchon, Jean-Pierre Vincent, Gildas Bourdet se saisissent des outils qu'avait proposés Jacques Duhamel et prennent leur indépendance face au pouvoir qui les avait nommés. Le drapeau rouge et le drapeau noir enveloppaient les statues et flottaient sur la façade, comme ils flottaient d'ailleurs sur le théâtre d'Angers, quand, avec quelques copains, nous étions allés les décrocher en pleine nuit, profitant du sommeil des émeutiers.

Ma volonté d'aller à l'Odéon à la rencontre de ses occupants se trouve renforcée par une déclaration du metteur en scène Christophe Honoré, m'accusant de refuser le contact par lâcheté. Succès assuré de la technique du drap rouge sur le taureau ou plutôt comme disait Chirac : « Ma poulette, si tu ne vas pas au-devant des emmerdements, les emmerdements te viendront en pleine poire ! »

Il est un peu plus de 22 heures et, si mon arrivée a laissé pantois les camarades syndiqués, je ne suis pas moins éberluée. Dans le parterre du théâtre, dans une lumière glauque, une petite vingtaine de personnes sont réunies avec Stéphane Braunschweig, le patron de l'Odéon, et ma conseillère sociale, Soizic Wattinne, toujours au feu dans ces moments compliqués. Nous nous installons autour d'une table en contreplaqué posée sur des tréteaux. Le responsable CGT-Culture m'expose les revendications qui m'ont déjà été détaillées plusieurs fois : prolongation de l'année blanche pour les intermittents et abandon de la réforme de l'assurance chômage. Les participants sont des techniciens dont je comprends les inquiétudes et j'y réponds par les mêmes engagements que je tiendrai d'ailleurs à la virgule près.

Soudain, d'autres revendications sont exprimées qui vont ajouter à ma stupéfaction. Le comble tient dans une demande d'installer des lieux de restauration et des douches pour permettre à l'occupation de se dérouler dans des conditions de confort optimales ! Faire la révolution en invoquant les mânes d'Auguste Blanqui, pourquoi pas. Mais celles de Jacob Delafon ! J'en tomberais par terre et ce n'est pas la faute à Voltaire... Avec Braunschweig, nous nous regardons en ayant du mal à garder notre sérieux. Notre coup d'œil amusé n'a pas échappé à deux passionarias en *crop-tops* et piercings qui nous interpellent avec véhémence en nous accusant d'arrogance et de mépris. Air connu. Il faut nous ressaisir sauf à ce que l'affaire tourne au vinaigre. Nous reprenons un visage sévère ; nous ne sommes pas passés loin de l'incident.

De culture, d'art, de création, pas question. Qu'il est loin, en 2021, le temps des discussions enflammées de Mai 68 ! C'est cela qui m'a stupéfiée pendant toute cette période tragique pour la culture. Alors que le monde traverse des mutations terribles sous l'effet de la révolution numérique, du risque climatique, du vieillissement, des nouvelles exigences démocratiques et alors qu'en ce printemps la guerre au cœur de l'Europe en est à ses prolégomènes, j'ai souvent eu le sentiment d'assister à d'interminables assemblées générales de copropriétaires.

Un de mes prédécesseurs, Maurice Druon, assurait que le milieu de la culture avançait « une sébile dans une main et un cocktail Molotov dans l'autre ». C'est vrai, mais aujourd'hui, si le monde de la culture ne s'inscrit pas dans une dynamique de refondation, il va vers une mort lente mais inéluctable. C'est ce que se refusaient à admettre mes interlocuteurs de l'Odéon-Théâtre de l'Europe en cette nuit de mars 2021. « Il faut que tout change pour que rien ne change. »

12 mars 2021

Alors là, on touche le fond !

La cérémonie des Césars se présente comme la « grande fête du cinéma français ». Elle est en fait une épreuve pour les ministres de la Culture. On pourrait attendre du monde du cinéma, gavé d'argent public, à défaut de reconnaissance – ne demandons pas l'impossible ! – du moins un salut bref et courtois au représentant de l'État lors de cette manifestation. La fameuse « exception culturelle » permet en effet à de très nombreux films français de « ne pas trouver leur public », comme on dit pudiquement, ou, plus explicitement, d'être des bides. Le système garantit par ailleurs aux acteurs qui sont en tête de casting de toucher des cachets mirobolants trois ou quatre fois supérieurs à ceux des acteurs des films du cinéma indépendant américain.

Déjà il y a quelques années, le producteur Vincent Maraval, dans un éditorial sanglant, en avait donné des exemples éclairants[8]. Benicio del Toro, pour le film de Steven Soderbergh *Che*, avait touché moins que François-Xavier Demaison pour n'importe lequel de ses films. Rappelons au passage que Benicio del Toro a reçu pour ce rôle de Che Guevara le Prix d'interprétation masculine à Cannes en 2008. Marilou Berry pour *Croisière* aurait touché trois fois plus que Joaquin Phenix dans *Two Lovers*, de James Gray. Daniel Auteuil, après quatre échecs financiers massifs, continuait de toucher des cachets de 1,5 million d'euros sur des films coproduits par l'audiovisuel public.

J'arrête là l'énumération tant elle est cruelle et n'épargne aucun des « monstres sacrés » du cinéma français. Subventions directes, avances sur recettes, exonérations fiscales, intermittence ont créé une économie assistée qui non seulement ne s'inquiète guère des goûts des spectateurs mais professe un mépris affiché pour les films « grand public » et rentables. Donner un César à Dany Boon et ses plus de 20 millions d'entrées pour *Bienvenue chez les Ch'tis*, pouaaaaah !

Vous me direz que certains bides sont peut-être des œuvres essentielles qu'on redécouvrira ultérieurement avec le sentiment coupable d'être passé à côté du génie. En fait, il faudrait vraiment vérifier. Il est toujours sidérant de voir comment les gens de « gôche » méprisent le peuple qui, pour eux, a des goûts de merde. Il est donc urgent pour eux de mordre la main de l'État bienfaiteur pour bien marquer que « l'art et la culture ne s'achètent pas, môssieur, ou madame ! ».

Cela donne toujours à voir le même scénario : des messieurs-dames dans des toilettes à plusieurs milliers d'euros, coiffés, chaussés, bijoutés et maquillés par les meilleurs professionnels de Paris, affichent leurs engagements politiques bien-pensants et accusatoires, parsèment leurs interventions de bons mots laborieux concoctés par un *gagman* épuisé, conchient le ministre recroquevillé sur son fauteuil comme un boxeur sonné au coin du ring puis se précipitent au Fouquet's, dont on connaît les tarifs de restaurant ouvrier. L'insulte peut aller jusqu'à refuser de serrer la main du ministre, comme cela arriva à Franck Riester de la part du distributeur Jean Labadie. Le même me tint d'ailleurs des propos non moins violents lors d'un dîner de préparation du Festival de Cannes. Son épouse, qui l'accompagnait et qui paraissait horriblement emm…, me fit envoyer par la suite un somptueux bouquet de fleurs. Churchill avait dit un jour à son ministre Lord Beaverbrook : « Vous m'insultez en public et vous vous excusez dans les lavabos. J'aimerais que vous pratiquiez l'attitude inverse… »

Malgré tout cela, et puisque j'ai une âme de midinette, j'étais folle de joie d'assister aux Césars, ce raout mythique. Je dirais même que la perspective d'en prendre plein la gueule m'apparaissait comme un baptême du feu, quasiment une consécration. Je n'ai pas été déçue.

Les consignes sanitaires avaient transformé l'Olympia en une sorte de cabaret interlope, regroupant les artistes-spectateurs par groupes de trois ou quatre, autour de tables basses éclairées par des lampes à lumière tamisée. Je fais le tour des tables avec un accueil finalement convenable et même très chaleureux, en particulier de la jeune actrice Fathia Youssouf. J'ai beaucoup défendu son film *Mignonnes*, attaqué odieusement par les ultra-conservateurs américains. Fathia recevra le César du meilleur espoir féminin, à ma plus grande joie. Par contre, Anny Duperey m'agresse littéralement avec l'antienne répétée que nous sommes les fossoyeurs de la culture. Elle continuera plus tard en m'accusant faussement d'avoir quitté la cérémonie alors que j'étais dans la loge prévue par les organisateurs. Après les aides auditives, elle pourrait se reconvertir dans les publicités pour les lunettes.

Attention, le spectacle commence et je vais passer l'une des meilleures soirées de ma vie. Je reste persuadée qu'il y a matière à en faire un film dans le style des Marx Brothers comme *Une nuit à l'opéra.* Avoir d'ailleurs multirécompensé – pas moins de sept Césars ! – un film au titre prometteur, *Adieu les cons*, était en soi une prolepse. Les gags de Blanche Gardin et de Laurent Lafitte étaient annoncés laborieusement par une Marina Foïs qui roulait des yeux exorbités comme si elle avait été sommée de jouer le rôle de l'animatrice ratée et totalement dépourvue de talent, un rôle de composition bien évidemment... On lui avait demandé de commencer très fort en lançant une crotte de chien en hommage amical à Florence Foresti, qui avait présenté la soirée précédente. Désopilant.

Suivirent plusieurs numéros grandioses de pipi-caca qui nous firent régresser au stade anal. Chéri, je me sens rajeunir. Un moment inoubliable de numéro gore – un genre peu fréquent dans le cinéma français – vit s'avancer les deux inévitables militants de la CGT, dont les lunettes jaillirent sur scène dans un sketch digne de Majax, et qui ânonnèrent péniblement une morne liste de revendications qu'ils avaient déjà délivrée dans le hall de l'Olympia. À moins qu'ils n'aient volontairement décidé de ne pas humilier les comédiens professionnels, qui auraient pu être irrités de voir des amateurs les surpasser. À ce point, la délicatesse relève du masochisme. Évidemment, Albert Dupontel n'était pas présent pour emporter les compressions du sieur Baldaccini, ce qui est du dernier chic et l'occasion de dire aux collègues à quel point le lauréat leur crache à la figure[9]. La confraternité, on le sait, est une haine vigilante. Quelques interpellations vigoureuses ornèrent la soirée, telles celles du césarisé Jean-Pascal Zadi sur l'empoisonnement des Antilles par le chlordécone, ce dont les spectateurs, hélas, semblaient se battre les flancs. On attribua un César d'honneur à la troupe du Splendid, histoire de faire oublier le mépris réitéré dont on avait couvert leur succès. Laure Calamy bafouilla dans le plus pur style César des années 1980 et Sami Bouajila sauva l'honneur de la profession : il en fallait bien un qui eût un peu d'allure…

Mais tout cela n'était que zakouskis ! Le morceau de bravoure nous attendait avec Corinne Masiero à poil, avec des tampons hygiéniques usagés aux oreilles, de la peinture rouge simulant du sang coulant sur ses jambes, une inscription côté face – « *No culture, no future* » – et côté pile – « Rend [*sic*] l'art Jean » –, fulminante objurgation lancée avec une bravoure insensée à Castex. Là, j'ai senti qu'on était sur du lourd. Depuis des années que des gars se mettent à poil sur les scènes des théâtres, subventionnés selon les indications de metteurs en scène qui y voient la forme la plus élaborée du génie, j'ai compris la profonde épiphanie des Césars, qui, enfin, rejoignait le camp de l'Art universel et engagé. Certains rustauds indiquèrent que ses fesses étaient plutôt moches, critique inacceptable témoignant d'un machisme rance que je dénonce avec la plus extrême vigueur, même si une impartialité réactionnaire peut conduire à partager cette évaluation. Masiero était allée auparavant recevoir l'onction des « occupants » du théâtre de l'Odéon, qui, par la suite, saluèrent ce foutage de gueule comme l'expression ultime de la lutte contre l'oppression. Munie de ce saint chrême, elle put ainsi affronter la bronca qui salua le lendemain son exhibition, ce qui dut renforcer sa conviction que la presse bourgeoise décidément ne comprenait rien à rien. Ah, montre-nous ton c..., c'est là qu'est le génie !

J'ai beaucoup admiré ce soir-là le refus de la démagogie exprimé avec force par le cinéma français. Il n'allait quand même pas remercier le gouvernement d'être le plus généreux du monde alors que ces crétins de ministres ne font que tout juste leur devoir. Il n'allait pas donner dans le sentimentalisme béat en saluant les soignants comme ces imbéciles de Français qui, à 20 heures, les remerciaient en applaudissant à leurs fenêtres[10]. Il n'allait quand même pas récompenser des films qui plaisent au public alors que le *nec plus ultra* est de faire moins de cent mille entrées. Le cinéma français avait ainsi, tout smoking et paillettes dehors, rejoint le camp des miséreux, des oubliés, des damnés de la Terre, du peuple de la faim.

Finalement, je n'ai pas boudé mon plaisir, ce soir-là, à l'Olympia, c'était un chouette moment, inoubliable...

VIII.
La lumière de l'astre mort

2 décembre 2021

Je n'aurais pas misé un cachou

Valérie Pécresse est désignée comme la candidate du parti Les Républicains à l'élection présidentielle. Je la regarde avec sympathie et, pourtant, je n'aurais pas misé un cachou sur sa victoire à cette primaire, persuadée au départ que l'ami Xavier Bertrand l'emporterait sans coup férir alors que, à ma grande surprise, il sera éliminé dès le premier tour de cette élection interne.

Pourtant, bien des signaux annonçaient ce retournement.

8 juillet 2020

Flash-back : ouverture du bal

C'est parti ! Deux jours après ma nomination, je retrouve l'Assemblée nationale pour une première session de questions au gouvernement, exercice périlleux craint par nombre de ministres même expérimentés. Pour les députés de l'opposition, le but n'est pas d'obtenir une réponse aux préoccupations de leurs électeurs mais de se « payer » un ministre. Si vous vacillez, bafouillez, ignorez, la meute ne vous lâchera plus et, comme dans la basse-cour, la volaille à terre sera piquée jusqu'à la mort.

À l'instar de certains vieux briscards, je suis rompue à ce genre d'épreuve que j'ai pratiquée sans notes comme députée de la majorité ou de l'opposition puis comme membre du gouvernement. Je retrouve avec gourmandise l'Hémicycle. Malheureusement, tout au long de ces 682 jours, je me suis morfondue sur les bancs du gouvernement, atterrée par le désintérêt profond des parlementaires pour la culture, en particulier par ceux qui nous accusaient de ne pas la considérer comme essentielle. Tristan Frigo, mon conseiller parlementaire, tentait de soudoyer un parlementaire ami à qui il refilait un questionnement tout préparé. Hélas, sans succès, notre complice se voyant refoulé par le bureau du groupe macroniste.

Avant de partir aux QAG[1], je le questionnais :

— Tristan, dites-moi que j'ai une question !

— Toujours pas, madame la ministre.

Bonheur fugace : en cette première séance, j'en ai même deux et l'une m'est posée par un vieux camarade, Yannick Favennec, député de la Mayenne qui fut mon compagnon de route comme UMP sur les bancs de l'Assemblée et au conseil régional des Pays de la Loire : « Les festivals sont des acteurs majeurs de l'attractivité des territoires », proclame-t-il. Coup de bol, j'ai fait des festivals un axe majeur de ma politique territoriale et, re-coup de bol, j'ai présidé pendant vingt ans la commission de l'aménagement du territoire des Pays de la Loire et j'attribuais les subventions aux festivals mayennais que j'énumère en l'assurant de « mon amour pour notre chère Mayenne ». L'avantage d'être un élu de terrain, c'est qu'on ne pense pas que c'est un conseiller qui vous a concocté une note, quand vous parlez des Foins de la Rue ou des Nuits de la Mayenne…

Les esprits pervers pourraient gloser sur le parcours politique erratique du Mayennais. Qu'on en juge. Engagé à 17 ans dans la campagne de Valéry Giscard d'Estaing et adhérent au Parti républicain puis à Démocratie libérale, membre par la suite des cabinets de François Léotard puis de François d'Aubert, il est élu député de la troisième circonscription de la Mayenne, en 2002, sous la bannière de l'UMP, qu'il quitte en 2012 pour l'UDI, gagne en 2018 le groupe « Libertés et territoires », l'aile « gauche » (?) de la macronie, puis, en septembre 2020, rallie le Modem, qu'il quitte en décembre pour revenir à l'UDI. On n'arrête pas un tel parcours : pif paf, Yannick est candidat de la majorité présidentielle en 2022 sous l'étiquette… Horizons ! Les électeurs mayennais ne lui gardent pas rancune de ce slalom partisan et le réélisent au premier tour avec 57,13 % des voix, le meilleur score de la majorité présidentielle. On pourrait évoquer à son propos la phrase fameuse attribuée à Edgar Faure[2] : « Ce n'est pas la girouette qui change, c'est le vent. » Si je raconte par le menu ce parcours sinueux, c'est que j'y vois le profond désarroi qui sévit dans la droite modérée dite « républicaine », minée par les querelles de personnes et les scandales financiers mais surtout incapable de construire une ligne idéologique cohérente et un programme opérationnel.

En 2012, j'avais quitté ma famille politique qui s'appelait encore l'UMP, sonnée par la défaite de Nicolas Sarkozy, en renonçant à toute action militante[3]. Cette décision était fondée sur l'incompatibilité de cette action avec l'exercice de mes activités d'éditorialiste-chroniqueuse, mais avait été renforcée d'abord par les intrigues délétères de l'élection à la présidence du parti qui vit s'opposer dans un « bal tragique[4] » Jean-François Copé et François Fillon, et l'affaire Bygmalion ensuite, puis par la transformation du nom de l'UMP en LR

– Les Républicains –, en 2015, dénomination participant d'une captation idéologique que je réprouvais.

Mais le malheur absolu fut l'épouvantable déception causée par les péripéties de l'affaire Fillon. Par amitié, au début, j'ai tenté de comprendre et d'excuser, me rappelant la phrase célèbre de Robert Desnos : « Un jour je te décevrai et ce jour-là, j'aurai besoin de toi. » Le feuilleton distillé journellement de ces turpitudes tournait au supplice chinois, d'autant que le qualificatif de « meilleure amie de François Fillon » me valait mille sollicitations médiatiques. Après la défaite du Sarthois, je vis alors LR, héritier des différents avatars du parti gaulliste, s'abîmer de plus en plus dans une course effrénée avec la droite extrême, concrétisée par le choix de François-Xavier Bellamy pour conduire la liste du parti aux élections européennes de 2019. Bellamy est certes un homme estimable et intelligent, mais il était frontalement opposé à tous les combats sociétaux que je menais depuis quarante ans. L'adhésion par défaut qui m'avait fait voter Emmanuel Macron au second tour de la présidentielle de 2017 était alors devenu un choix de conviction.

En ce 8 juillet, c'était peut-être cela qui m'émouvait le plus : retrouver tous ces compagnons de lutte, ceux et celles avec qui j'avais partagé tant de combats. Le choc fut rude. En 1988, lors de ma première réunion de groupe, salle 6217, dans les sous-sols du

Palais-Bourbon, j'avais devant moi Jacques Chirac, Édouard Balladur, Alain Juppé, Jacques Toubon, Philippe Séguin, Michèle Alliot-Marie, Michèle Barzach et tant d'autres. Ce 8 octobre, pardon à eux, mais pour reprendre une comparaison footballistique, on n'était même pas en Ligue 2, mais en National 3, avec Christian Jacob en président du parti, et Damien Abad en président de groupe. Misère. Et derrière, à part quelques personnalités comme Éric Woerth ou Gilles Carrez, une troupe de troisièmes couteaux de la politique. Le pire était que leurs criailleries et leurs claquements de pupitre n'exhalaient que haine et rancune. Certains se distinguaient particulièrement dans la hargne, comme Maxime Minot, Fabien Di Filippo, Pierre Cordier et Damien Abad, se relayant pour des interruptions harcelantes et hurlantes : « Paroles, paroles ! » « Vous parlez pour ne rien dire ! » « Mythomane ! » « César de la meilleure actrice ! » Et *tutti quanti…*

Parfois, Les Républicains ont atteint les sommets de l'odieux, comme le jour où ils ont lancé à Olivier Véran, qui décrivait la souffrance des malades : « Oh, il va nous faire pleurer ! » Rires des collègues.

Après cette commotion, j'avais pensé que le Sénat serait préservé de ces excès. Il y règne en général une atmosphère feutrée et polie qui permet des débats constructifs et apaisés. Bernique ! Là encore, le groupe LR – majoritaire en ce lieu – allait faire montre des pires excès, ne renonçant même pas à des injures personnelles et à des polémiques indignes, comme celle que monta son président, Gérard Larcher, sur la légitimité d'Emmanuel Macron s'il gagnait l'élection présidentielle. Mais le plus choquant pour LR est sans doute d'avoir régulièrement donné la parole au sénateur Alain Houpert, défenseur acharné de l'hydroxychloroquine, même après que les autorités scientifiques avaient conclu à son inefficacité, intervenant dans le documentaire complotiste *Hold Up* et tenant des propos ahurissants sur la politique sanitaire du gouvernement : « On a tué les séniors au Rivotril, on les a fait mourir de solitude et maintenant, les survivants serviront de cobayes aux vaccins. »

Qu'un sénateur s'exprime sur ce sujet de cette façon, à titre individuel, soit : la liberté de son expression est irréfragable. Mais, dans une séance de questions au gouvernement, le temps de parole est réparti au prorata de l'importance des groupes, qui cautionnent ainsi leurs orateurs. Je veux espérer que les sénateurs n'approuvaient pas au fond ces dérives complotistes, mais – et c'est peut-être le pire – ils et elles les ont applaudies avec enthousiasme. Au nom d'une opposition bornée et d'un ressentiment haineux, certains sont allés ainsi jusqu'à perdre décence et raison.

Soyons justes : il y eut quand même une éclaircie personnelle dans ce cloaque. Quand je revins au Sénat et à l'Assemblée nationale après la Covid qui m'avait emmenée aux portes de la mort, les sénateurs et les députés debout et unanimes me firent une ovation. Pour cela, il leur sera beaucoup pardonné.

Décembre 2021

Ça poquait fort la « loose »

Mais le pire était à venir avec la campagne présidentielle de Valérie Pécresse. Valérie avait le profil idéal de la bonne candidate. Une femme crédible – enfin ! –, parfaitement au courant des rouages de l'État, titulaire d'une double formation ENA-service public et HEC-monde de l'entreprise, conseillère de Jacques Chirac président de la République, députée, ministre de l'Enseignement supérieur et de la Recherche puis du Budget et porte-parole du gouvernement, présidente du conseil régional d'Île-de-France, région qu'elle avait ravie à la gauche en 2015. Je l'avais vue en débat à l'Assemblée nationale comme parlementaire puis comme ministre, intègre, pugnace, pertinente, pédagogue. J'ai vu alors cette femme broyée par un parti qui aurait dû la soutenir « comme un seul homme ». Que ses adversaires l'aient combattue, que ses concurrents en interne aient remâché leur déception, que les journalistes aient tout fait pour tirer profit de la plus petite vétille, que les sexistes de tout poil l'aient contestée, que les humoristes l'aient moquée du moindre de ses dérapages, je veux espérer qu'elle n'attendait pas qu'il en soit autrement. J'ai moi-même vécu ces douleurs et, si l'on ne veut pas les subir, c'est simple : on pose le sac de merde qu'on s'est collé sur le dos et on revient à la vie civile !

Une faute tactique majeure de LR fut de vouloir régler les conflits de personnes par une vraie-fausse primaire au rabais sur la base d'une erreur d'analyse qui prospère encore aujourd'hui et qui veut que la primaire de 2016 qui sacra François Fillon candidat des Républicains soit à l'origine de leur déconvenue présidentielle. Bien au contraire, si, malgré ses fautes et son entêtement à les nier, le Sarthois fut à deux doigts de se qualifier pour le second tour de la présidentielle, c'est bien parce qu'il était porté par un mouvement qui mobilisa 4,2 millions de citoyens et une primaire qu'il emporta haut la main avec 66,49 % des suffrages, après avoir éliminé au premier tour des pointures comme Nicolas Sarkozy et Bruno Le Maire et sèchement battu Alain Juppé au second. Incapable de se sortir du mantra « tout ça, c'est la faute à la primaire », LR renia ses statuts et imposa aux candidats en lice – Éric Ciotti, Valérie Pécresse, Xavier Bertrand, Michel Barnier, Philippe Juvin – pour tout potage une primaire à la mie de pain réservée aux seuls adhérents LR et qui ne regroupa que 112 738 votants au premier tour. Bien entendu, dans un mouvement où les élections internes depuis soixante ans ont cultivé la fraude électorale et le bourrage des urnes comme un des beaux-arts – Pasqua, sors de ce corps –, l'affaire fut marquée du sceau du ridicule quand on apprit qu'un chien nommé Douglas avait participé au scrutin. Comble de malchance, Valérie n'arriva pas en tête du premier tour et ne dut sa victoire finale qu'au ralliement du bout des lèvres de ses concurrents éliminés. Comme disent les gosses, « ça poquait fort la loose ». Aucun souffle, aucun enthousiasme, aucune adhésion dépassant le cadre partisan ne pouvaient être attendus d'une procédure aussi misérable, grosse d'un échec dont la seule inconnue était l'importance de la claque à venir. Pour ma part, j'avais calé le score à venir sur celui réalisé par François-Xavier Bellamy aux élections européennes, soit environ 8 %. J'étais loin du mécompte.

La faute était tactique, mais bien plus graves étaient les errances stratégiques. Le parti gaulliste puis néo-gaulliste est, depuis sa création par le Général, en 1947, un patchwork idéologique qui n'a trouvé son unité et sa capacité d'action qu'en un chef charismatique dont le dernier exemple fut Nicolas Sarkozy. Cependant, depuis une vingtaine d'années, les signes avant-coureurs d'une désaffection profonde pour ce mode de fonctionnement autoritaire étaient parfaitement visibles. Au lieu d'en tirer les conclusions, les caciques du parti bricolaient et procrastinaient. Trois changements de nom en douze ans ! RPR, UMP, LR. Le bateau prenait l'eau et on repeignait la coque. Petit à petit, les personnalités les plus brillantes s'éloignaient de façon plus ou moins subreptice. La saignée s'accélérait : Bruno Le Maire, Édouard Philippe, Sébastien Lecornu, François Baroin, Alain Juppé, Jacques Toubon, Christophe Béchu... Pire, Xavier Bertrand, Édouard Philippe et Valérie Pécresse créaient leurs micropartis. Dans une sorte de délire obsidional, au lieu d'analyser ces désaffections, les partants étaient qualifiés de traîtres ou d'ingrats. Les procédures judiciaires se multipliaient, le siège de la rue de Vaugirard était vendu pour éviter la faillite et tout ce joli monde se réjouissait de ses bons résultats aux élections locales sans réaliser qu'ils n'étaient que la lumière résiduelle d'un astre mort.

Pour eux et elles, aucune introspection n'était nécessaire. Emmanuel Macron était responsable de tous leurs malheurs. Il suffisait de s'en débarrasser et tout redeviendrait comme avant. Je les vis par la suite applaudir les pires excès de l'extrême gauche, se rallier à des causes qu'ils avaient toujours combattues, refuser de voter des mesures qui étaient au cœur de leurs convictions, donner d'indécentes leçons de morale insupportables au regard des épisodes massifs de prédation financière dont ont été auteurs bien des « compagnons » et tout cela éructé avec une violence inouïe. Et surtout, surtout, ne tirer aucune leçon de l'incroyable raclée qu'ils avaient imposée à leur candidate car cette Bérézina était bien la leur. J'étais atterrée. De Gaulle, réveille-toi, ils sont devenus fous !

13 février 2022

Tant de mansuétude…
On nous les a changés !

En cette fin d'après-midi, je rentre du concert des Voix lusophones qui s'est tenu au Châtelet dans le cadre de la saison Portugal-France. Mon portable n'arrête pas de sonner :

— Tu regardes Pécresse à la télé ?

— Euh, non, je prépare mon comité ministériel sur l'égalité hommes-femmes…

— Branche-toi, tu vas te marrer !

Le tout-Paris médiatique et politique ne bruisse que d'une chose en ce dimanche : le plantage catastrophique de Valérie lors de son grand meeting au Zénith de Paris. Les commentaires vont du sexisme le plus classique (« Décidément les femmes ne sont pas faites pour les grands meetings, il leur faut des causeries au coin du feu ! » – pourquoi pas avec un tricot ou devant leur cuisinière…) à la componction de ceux qui avaient tout vu avant les autres (« Je te l'ai toujours dit, coco, elle est nulle cette nana » – ce genre de commentaire est en général prononcé par les plus cons).

Ce grand raout était pourtant destiné à relancer une campagne qui prenait sérieusement l'eau et son équipe en attendait beaucoup. Valérie n'est pas une oratrice transcendante, mais telle quelle, elle se débrouillait tout à fait correctement pour faire un discours présidentiel et elle démontra contre Éric Zemmour sur TF1 et LCI, le 10 mars 2022, qu'elle était une bonne polémiste. On peut espérer que l'acteur Bruno Solès, qui l'entraîna pour préparer le fameux meeting raté au Zénith, a définitivement renoncé à ouvrir un cabinet de coaching pour politiques !

Quelques jours auparavant, il avait déclaré fièrement au *Monde* : « Je lui ai appris à dompter les prompteurs-miroirs lors de quelques séances au Théâtre Michel... » Mazette... Ce jour-là, ce sont les prompteurs qui l'ont domptée.

Certes, Valérie n'avait pas été exempte d'un certain nombre de bévues tactiques et d'erreurs stratégiques. On se demande pourquoi elle avait eu l'idée saugrenue de prendre Patrick Stefanini comme directeur de campagne, déguisé qu'il fut en un « Père la Victoire » qu'il n'a jamais été. Mais tout cela n'était que calembredaines. En fait, Valérie Pécresse s'échina tout au long de cette campagne à réconcilier deux droites irréconciliables. Pour passer « entre les gouttes », elle ne mit en avant que deux *punchlines*, somme toute fort impopulaires : le reproche fait à Emmanuel Macron d'avoir « cramé la caisse », qui sous-entendait qu'avec elle l'austérité guettait au portillon et que les Français qui avaient pu surmonter la crise épidémique avec le soutien de l'État n'étaient que des parasites, accompagné de l'engagement de supprimer deux cent mille postes de fonctionnaires, tout en assurant vouloir renforcer les effectifs de sécurité, de justice et d'éducation. Le calcul était simple : dans les autres administrations d'État, c'était un coup de rabot de 15 à 20 % des postes[5] !

Plus tard, la nouvelle Assemblée nationale sortie des urnes le 19 juin ne compterait plus que soixante-quatre députés LR, alors qu'ils et elles étaient plus de trois cents en 2011. On a vu alors Valérie Pécresse disparaître des radars médiatiques, Christian Jacob partir sur la pointe des pieds, Damien Abad, Caroline Cayeux ou Robin Reda rejoindre la majorité présidentielle. La présidence du groupe était prise par Olivier Marleix, qui, tout au long de la mandature précédente, avait distillé une haine quasiment morbide contre Emmanuel Macron. Toujours aucune analyse de ces effondrements répétés, aucun *mea culpa* pour avoir désespéré leur électorat, aucun programme pour fédérer les énergies.

Pour se positionner, les cadors de LR multipliaient les rodomontades : Philippe Juvin, du haut de ses 3,13 % des voix à la primaire LR, plaidait pour une « cohabitation dure » ; Christian Jacob, qui avait mené son parti au désastre, assurait qu'il voulait « une opposition qu'on n'achète pas » ; Rachida Dati, à qui on n'avait rien proposé, déclara qu'ils « n'ir[aient] pas au gouvernement ».

Mais la queue du Mickey est attribuée sans conteste à Xavier Bertrand, qui assurait fermement « ne pas vouloir sauter dans le *Titanic* avant le naufrage », alors que toute la troupe LR composait hélas un tableau digne du *Radeau de la Méduse*…

Pour aller de Charybde en Scylla, arriva l'affaire Abad et les accusations d'agressions sexuelles portées contre le nouveau ministre des Solidarités, de l'Autonomie et des Personnes handicapées, rallié à Emmanuel Macron. Pour rire – jaune, bien entendu –, le César collectif du bal des faux culs est donc décerné à tous les responsables LR qui, dans les couloirs du Palais-Bourbon, susurraient « Ouais, on était un peu au courant » ou encore : « Les choses se disaient depuis plusieurs années mais on n'a pas voulu utiliser de boules puantes quand il s'est présenté à la tête du groupe. » Tu parles ! Et tous ces types qui étaient « un peu au courant » d'ajouter : « On est secrètement contents que ça arrive au gouvernement. Mais il ne faut pas en faire une utilisation politique. »

Ouf ! un peu d'éthique dans ce monde de brutes et de respect de la présomption d'innocence. Hélas, le député LR interrogé se presse d'ajouter : « Cela ne peut que nous renvoyer la merde dans le ventilateur[6]… »

Je me disais aussi : tant de mansuétude… On nous les a changés !

Alors, quelle stratégie pour mes anciens camarades ? D'abord, faire l'analyse qu'en aucun cas les succès locaux ne sont un troisième tour des élections nationales comme ils tentent de s'en convaincre. Il s'est écoulé vingt ans entre le score calamiteux de Robert Hue – 3,4 % – à l'élection présidentielle de 2002 et la perte, en 2021, du dernier conseil départemental communiste, celui du Val-de-Marne, le fief historique de Georges Marchais. Ensuite, sauf à dégoter l'oiseau rare qui pourrait, tel Bonaparte au pont d'Arcole, rameuter derrière lui une troupe disparate et épuisée, constater que le parti est donc en état de mort clinique mais qu'une seule perspective encourageante lui est offerte, c'est la succession globale du pouvoir macroniste en 2027 puisque Emmanuel Macron ne pourra pas se représenter. Abandonner l'idée absurde que c'est en allant chasser sur les terres du Rassemblement national qu'ils se referont une santé. La châtelaine de La Celle-Saint-Cloud, alias la « maman des chats », forte de ses quatre-vingt-neuf députés, telle le Grippeminaud de la fable, n'en fera qu'une bouchée. Étant donné la faiblesse insigne de l'organisation actuelle du parti présidentiel, il convient donc d'arrêter d'insulter stupidement l'avenir en tenant des propos inconvenants et outranciers et bien au contraire apparaître – pourquoi pas – comme une structure d'accueil pour macronistes en détresse, petits agneaux sans père qui se chercheront un berger. Ce n'est pas Éric Ciotti, Laurent Wauquiez et les extrémistes de tout poil qui les séduiront. Bon, au niveau du programme, pas besoin de convoquer les rares têtes pensantes – s'il en reste – de la rue de Vaugirard, il suffirait de ripoliner le programme d'Emmanuel Macron en le décorant de quelques aspérités de bon aloi. Facile !

Dans cette histoire improbable, mais pas impossible, de reconstruction, les pires adversaires de LR seront ceux d'entre eux qui voudront en découdre. Le combat utile ne se fera pas au sabre d'abordage. Ce sera une guerre de position pas très glorieuse, j'en conviens, mais la seule option pour Les Républicains est d'offrir aux orphelins modérés de tout bord un visage désirable. Pour tout dire, en entendant les déclarations venimeuses et belliqueuses des uns et des autres, ce n'est pas gagné !

IX.
Ô ministres intègres

5 mai 2021

Une telle injustice que j'en avais la boule au ventre

À quelques jours du quarantième anniversaire de la victoire de François Mitterrand, l'occasion est incontournable pour les journalistes « cultureux » de faire le bilan de la décennie Jack Lang. J'aime bien Jack, je n'ai qu'un seul problème avec lui, c'est qu'avec l'âge il est devenu sourd comme un pot et qu'il refuse visiblement de se faire appareiller[1], ce qui rend difficile d'échanger discrètement les méchancetés dont nous raffolons. Je sais que ses successeurs ont vécu cette ombre portée avec plus ou moins de bonheur. Frédéric Mitterrand résumait cela avec son humour habituel en disant : « Quand on me dit “Bonjour monsieur le ministre”, je me retourne pour voir si Jack est derrière moi ! »

Un autre, plus incisif, m'avait prévenu : « Attention ! Lang, c'est une variante des dix plaies d'Égypte. Tu auras tous les deux jours un courrier te réclamant une subvention, une décoration ou une nomination. » Bof, finalement, c'était normal. Quand on a une carrière aussi longue que celle de Jack, on s'est constitué un stock d'emmerdeurs considérable et le meilleur moyen de s'en débarrasser, c'est de les recommander à un ministre en place, variante institutionnelle de la stratégie de la patate chaude. Sa tactique est connue – d'ailleurs, j'utilise strictement la même : ne jamais dire du mal de ses successeurs, qui peuvent être utiles, et certains naïfs n'en reviennent pas de recevoir ainsi cette onction divine. Mais, blanchie sous le harnais, je n'étais dupe de rien et je me suis fait un plaisir de le recevoir avec son épouse, Monique, qui passait alors une tête dans son ancien et magnifique bureau, devenu celui de mon chef de cabinet.

Mais, pour être tout à fait honnête, ce qui peut être agaçant est d'être sans arrêt renvoyée à un prétendu « âge d'or » que constitueraient les mandats d'André Malraux et de Jack Lang, les deux ministres de la Culture qui ont assuré chacun une décennie à Valois.

Dans ce clan des adorateurs du passé, un journal va faire très fort. Ce matin du 5 mai 2021, je décortique la revue de presse, première tâche que j'effectue dès mon arrivée. Une pile de magazines a été posée sur mon bureau par Laurence, ma secrétaire, et là, je reçois comme un coup de poing au foie la couverture de *Télérama*. Pour ce quarantième anniversaire de 1981, je découvre une composition kitschissime de François Mitterrand entouré de Colonnes de Buren et de Jack Lang juché au sommet de la pyramide du Louvre avec ce titre : « Mai 1981 – Quand la culture était essentielle ». Alors que nous venons de déverser 15 milliards pour sauver les artistes et les structures, alors que je me suis battue pour cela le couteau entre les dents, alors que mon cabinet passe des nuits blanches à monter des mécanismes de sauvetage performants, le titre sous-entend que, pour nous, la culture n'est pas essentielle… C'est d'une telle injustice que j'en ai la boule au ventre.

Mais finalement, la question qui est posée indirectement est bien celle-là : comment être ministre de la Culture aujourd'hui, alors que le contexte de 1981 apparaît quasiment moyenâgeux ?

Flash-back : 10 mai 1981

La sortie des ténèbres ?

L'injustice majeure que portait la couverture de *Télérama* était implicitement de sous-entendre que, jusqu'au 10 mai 1981, la préoccupation culturelle était subalterne et qu'après François Mitterrand elle était retournée dans les limbes. Il faut d'abord casser un certain nombre de mythes et surmonter quelques controverses.

La France est un État qui mène des politiques culturelles depuis des siècles[2] et l'Ancien Régime a multiplié les outils de gouvernance culturelle dépassant largement la fonction de mécénat, dans laquelle on le cantonne généralement. Que l'on pense à la Comédie-Française, en passant par l'Opéra de Paris – merci, Mazarin ! –, les académies, les manufactures royales, la Bibliothèque nationale chargée de la collecte du dépôt légal depuis 1537, sans compter l'incroyable patrimoine architectural de notre pays.

André Malraux, pour moi, n'est pas seulement un glorieux prédécesseur. Alors que j'étais petite fille, il faisait partie des « comploteurs » qui se retrouvaient chez mes parents pour ourdir les machinations destinées à ramener le général de Gaulle au pouvoir. La table de la salle à manger était assez particulière avec, comme piétement, deux gros plots de bois ménageant une sorte de niche. C'est dans cette cachette que je me blottissais, subjuguée, pour écouter les conversations des conjurés. À peu près tous les fondateurs de la Ve République, ceux qu'on appelle les « barons du gaullisme », ont défilé dans la maison de mon enfance. Alors que j'avais largement dépassé la quarantaine, Jacques Chaban-Delmas me saluait en m'embrassant avec un tendre : « Alors gamine, tu fais toujours des bêtises ? » Il n'avait pas oublié. Encore plus fort, alors que j'avais une dizaine d'années, Roger Frey, qui fut par la suite ministre de l'Intérieur du Général et président du Conseil constitutionnel, m'avait dit : « Toi, tu seras ministre ! Deux choses à ne pas oublier : n'aie jamais ton agenda sur toi, sinon tu seras obligée de donner des rendez-vous, et remercie immédiatement quand on t'envoie un livre. Surtout ne perds pas ton temps à les lire. Les seuls livres intéressants sont ceux qu'on achète soi-même. »

Prémonitoire, quand on pense que la première femme à entrer au gouvernement après 1958 fut Nafissa Sid Cara, qui n'était « que » secrétaire d'État... Et qu'il fallut attendre plus de dix ans pour qu'il y en eût une deuxième !

Il n'imaginait pas que le téléphone portable révolutionnerait l'agenda. Par contre, quand je voyais les livres qu'on m'adressait chaque jour s'entasser sur mon bureau de ministre, je me disais qu'au moins le dernier conseil de Roger restait valable.

Même si je vénère le général de Gaulle et André Malraux, on doit reconnaître qu'ils n'ont pas institué, au sens opérationnel du terme, un « ministère » de la Culture. On peut bien avouer aujourd'hui que de Gaulle en le créant n'avait pas sur cette affaire une vision très claire et avait enjoint au Premier ministre, Michel Debré, de tailler un ministère sur mesure pour Malraux. « Cela pourrait être, ajoutait-il, un regroupement de services que vous pourriez appeler "Affaires culturelles". Malraux donnera du relief à votre gouvernement ! »

L'on avait alors regroupé de bric et de broc des services de divers ministères dans un patchwork qui perdure encore aujourd'hui.

Dans le bureau du locataire de la rue de Valois, sur la cheminée, est posé un tableau d'Édouard Dantan[3] qui représente un dénommé Gustave Larroumet[4], qui devint de 1888 à 1891 directeur de la sous-direction des beaux-arts au sein du ministère de l'Instruction publique et des Beaux-Arts. Larroumet est donc représenté en majesté dans et au bureau… des actuels et futurs ministres de la Culture, dont il a la même fonction.

L'œuvre culturelle de la IIIe République a été considérable, notamment en ce qui concerne la protection du patrimoine, avec les lois instaurant le classement, y compris contre l'avis des propriétaires par la loi du 31 décembre 1913 – ce qui, dans le contexte sociologique de l'époque, n'était pas sans panache –, et, en 1927, la loi instaurant l'inscription sur l'Inventaire supplémentaire. C'est sous la IIIe République qu'est créé le régime de l'intermittence, n'est-ce pas ? Le Front populaire apporte sa pierre en introduisant l'éducation populaire et permet la démocratisation de la culture par l'instauration des congés payés. Même si cela en contrarie quelques-uns, il nous faudra bien admettre que le scélérat régime de Vichy accroche un beau palmarès culturel : obligation pour les directeurs de musées classés d'être des conservateurs d'État, loi sur les fouilles archéologiques, loi sur les archives, création de l'organisme d'aide au cinéma qui sera rebaptisé en 1946 pour qu'on oublie ses origines.

Sous la IVe République, un corpus de textes fondamentaux vient structurer les musées, les spectacles, le cinéma, la lecture publique, le théâtre, avec la création des centres dramatiques nationaux et du Théâtre national populaire. C'est en 1947 qu'est créé le Festival d'Avignon. Toute la politique culturelle de l'époque est marquée par une volonté forte de décentralisation et de démocratisation. Mais c'est surtout sous la IVe qu'est imaginé un département ministériel spécifique avec un secrétariat d'État aux Beaux-Arts dont le premier titulaire fut André Cornu[5], qui exerça la fonction d'août 1951 au 19 juin 1954 sous les gouvernements de René Pléven, d'Edgar Faure, d'Antoine Pinay, de René Mayer et enfin de Joseph Laniel, pas moins de cinq présidents du Conseil en moins de trois ans !

On se goberge de moqueries sur l'instabilité politique de la IVe. Sans doute à raison, et le général de Gaulle y a remédié. Mais, en rédigeant ces lignes, je ne peux m'empêcher une fois de plus de constater l'œuvre immense de la IVe République, si sottement décriée par les beaux esprits et qui est devenue un angle mort de l'histoire de notre pays. Dans une France dévastée, l'Union européenne est lancée, notre modèle social élaboré, les infrastructures sont reconstruites, le Commissariat au Plan redresse l'appareil productif et une politique culturelle incroyablement vaste et audacieuse est mise sur pied, tout cela en un peu plus de dix ans ! Un peu de justice mémorielle serait de mise et empêcherait quelques-uns de se prendre pour des aigles.

Flash-back : 15 mars 1993

Le bilan de Jack Lang

Le bilan de Jack Lang est évidemment flatteur quand on le détaille : quasi-doublement des crédits alloués au ministère de la Culture, vaste programme de Grands Travaux, loi sur le prix unique du livre, création des fonds régionaux d'art contemporain en région, Fête de la musique, Journées du patrimoine. Cette liste n'est pas exhaustive mais reflète les réalisations les plus couramment identifiées et plébiscitées par nos concitoyens. Certains « grands travaux » qui avaient été à l'origine de polémiques et même remis en cause lors de l'alternance de 1986, tels que la pyramide du Louvre ou l'Opéra Bastille, font maintenant la presque unanimité. Tous les jours, de la terrasse de mon bureau, je jetais un coup d'œil sur la cour du Palais-Royal pour voir les gamins jouer sur les Colonnes de Buren, les mannequins, les touristes et les jeunes mariés s'y faire photographier et les musiciens y faire s'envoler leurs notes. Quelle magnifique appropriation par le grand public d'une œuvre présentée au départ comme élitiste, incompréhensible et, pire, offensante du patrimoine qui était son écrin !

Oui mais… la question n'est pas de nier cet héritage, mais de le questionner et surtout de ne pas le poser en modèle insurpassable. Il a été conçu voici un demi-siècle dans un État qui allait seulement commencer le processus de décentralisation. Personne, à part quelques prophètes qui ont prêché dans le désert, ne parlait d'écologie, de réchauffement climatique et de sobriété énergétique. La révolution numérique n'était certes pas ignorée mais elle apparaissait comme une technique d'accompagnement des politiques patrimoniales et non comme la révolution systémique qu'elle est devenue.

Certaines décisions prises par le ministère Lang méritent un bilan plus affiné en positif et en négatif. Il en est ainsi du prix unique du livre dont, *in fine*, les grandes surfaces ont été les principales bénéficiaires. Pas de conseil à assurer, promotion concentrée sur les succès commerciaux, remises maximales des distributeurs et interdiction d'en faire bénéficier le consommateur. Un régal pour les hypermarchés.

Sur un plan plus global, je pourrais reprendre sur de nombreux points la lettre de Jacques Toubon à Jack Lang datée du 15 mars 1993 et excellemment résumée par Maryvonne de Saint-Pulgent[6] dans l'ouvrage *L'Énergie et la Passion*[7]. L'ancien ministre et défenseur des droits identifie cinq catégories de critiques à l'action de Jack Lang : le déséquilibre entre Paris et la province, l'échec de la démocratisation, avec une politique centrée sur une offre surdimensionnée, les effets pervers de l'abondance budgétaire, l'état d'abandon d'un certain nombre d'institutions culturelles nationales, enfin, l'instrumentalisation de la politique culturelle qui transforma Valois en ministère de la Propagande. Je ne reviendrai pas sur le dernier point car, après tout, chaque ministre de la Culture essaie de valoriser ses actions et, si certains y réussissent mieux que d'autres, c'est peut-être qu'ils ont plus de talent ou plus de complices.

Mais reprenons les autres arguments. Le conflit entre Paris et la province est aussi vieux que le ministère et chacun de mes déplacements en région a toujours été marqué par ce que j'appelais le « moment grognon », où l'élu local ressortait les chiffres mythiques : quand le ministère donne un euro à la province, il en donne dix à l'Île-de-France. Si cela est objectivement vrai, il faut aussi reconnaître – ce que mes interlocuteurs concédaient du bout des lèvres – qu'on ne va pas installer la Comédie-Française à Romorantin et l'Opéra de Paris à La Canourgue[8]. Mais le tropisme parisien aurait pu être stoppé de matière volontariste alors que, bien au contraire, il a été amplifié par cette véritable débauche de travaux pharaoniques voulue par la gauche en 1981. Il faut reconnaître que la politique mitterrandienne n'a pas été seule fautive et que tout le monde y était allé du sien, avant et après : chaque président veut laisser une institution emblématique, Pompidou à Beaubourg, Giscard d'Estaing à Orsay, plus tard Chirac au Quai Branly. Alors, certains évoquent le Mucem[9] à Marseille ou le Louvre-Lens pour indiquer une toute petite volonté de rééquilibrage. Hurlements garantis comme ceux que j'ai récoltés lors de ma visite à l'opéra de Massy le 12 novembre 2021 avec la ministre Amélie de Monchalin : « C'est ça ! Quand on fait quelque chose à Paris, tout est payé par l'État et quand on nous concède un truc, il faut qu'on apporte les sous ! »

Mes interlocuteurs élus locaux étaient remontés comme des coucous et le pire est qu'ils avaient raison. Pour le Mucem, les collectivités ont dû débourser 35 % du financement, et pour le Louvre-Lens… la totalité ! La vérité est que cette politique historiquement parisiano-centrée et considérablement amplifiée durant la présidence de François Mitterrand a chaussé de brodequins en parpaings le ministère qui se trouve aujourd'hui devant un véritable mur d'investissements de plusieurs dizaines de milliards. Tout cela est considérablement grevé par la non-prise en compte des exigences écologiques de ces bâtiments qui se sont révélés souvent d'une grande fragilité. Résultat de toutes ces folies : le ministère de la Culture est à la tête de grandes passoires thermiques avec des opérations de remise en état de plusieurs centaines de millions d'euros. C'est pour cela aussi que lorsque Jack est venu me demander 6 millions d'euros pour l'Institut du monde arabe

– qui relève du ministère des Affaires étrangères –, je me suis demandé s'il n'était pas en train de se moquer de moi… En fait, non.

Un exemple significatif à cet égard. Oui, je le redis, j'adore les colonnes imaginées par Daniel Buren pour la cour d'honneur du Palais-Royal, ou plutôt devrais-je les mentionner avec leur vrai nom, *Les Deux Plateaux*. L'installation, du fait de son usage mais aussi de sa conception, s'est dégradée rapidement et, alors que l'inauguration s'était déroulée en 1986, toutes sortes de malfaçons se déclarent, l'eau s'infiltre dans les locaux de la Comédie-Française en sous-sol, le plan d'eau cesse de fonctionner et la partie souterraine se salit massivement, les colonnes sont soumises à trop d'agressions, il n'y a plus d'électricité. Daniel Buren, en 2007, somme le ministère de procéder à la restauration de son œuvre et dénonce un « vandalisme d'État ». Pas moins. Simplement pour la restauration des colonnes, les réparations sont alors estimées à 3,2 millions d'euros. Comme d'habitude, l'affaire se termine quasiment au double, à 5,8 millions d'euros dont 5,3 financés par le ministère de la Culture. Sans compter 14 millions d'euros pour le reste des malfaçons. Vous allez rire, mais je vous fiche mon billet – c'est le cas de dire – qu'il ne faudra pas attendre dix ans pour que nous soyons contraints de remettre au pot un budget considérable qui ne saurait tourner – évaluation, certes, au doigt mouillé – à moins de 10 millions d'euros. Et ce sera ainsi tous les vingt ans. Finalement, était-ce bien raisonnable ?

Rendons grâce à Emmanuel Macron d'avoir décidé que la grande œuvre de sa présidence, la Cité internationale de la langue française et de la francophonie, serait située dans les Hauts-de-France, à Villers-Cotterêts, et plus spécifiquement dans la partie la plus déshéritée de cette région, qui cumule les handicaps. Quelque 185 millions d'euros de travaux dont 100 apportés par le plan de relance. Gageons que les infrastructures d'un château du XVIe siècle résisteront mieux à l'usure du temps que certaines constructions contemporaines.

En constatant que 80 % des crédits du ministère sont fléchés vers l'Île-de-France, je plaide pour qu'un moratoire soit institué : aucune structure culturelle nouvelle – je dis bien nouvelle – ne doit être financée dans cette région par l'État pendant vingt ans pour commencer un rééquilibrage indispensable.

Venons-en maintenant à la dénonciation portée par Jacques Toubon sur les effets pervers du quasi-doublement des crédits du ministère. Voilà une affirmation complètement contre-intuitive et je suis persuadée que chaque ministre rêve d'une telle aubaine et de voir ainsi satisfaits les innombrables dossiers qui hantent ses nuits. J'ai imaginé – un peu comme on échafaude ses dépenses si l'on gagnait à l'Euromillions – ce que j'aurais fait si les crédits de la Mission culture avaient été portés de 4 à 8 milliards d'euros. J'arrivais alors à dépenser raisonnablement environ 500 millions, un milliard en me triturant les méninges et pour le reste, il fallait faire à peu près n'importe quoi, et ce d'autant plus vite – j'insiste – qu'il faut que ces crédits soient dépensés dans l'exercice budgétaire !

Flash-back :

C'est à peu près ce qui s'est passé en 1981

Des vieux de la vieille m'ont raconté des scènes qui relevaient, en 1981, de la *commedia dell'arte* :

— Bonjour, monsieur le directeur, voilà, j'aurais besoin d'un petit coup de pouce pour ma subvention.

— Vous voulez combien ?

Le mec respire un bon coup et se lance :

— J'sais pas… 100 000 francs, ce serait bien !

— Vous fatiguez pas, ce sera 300 000.

Le souffle coupé :

— Comment ça, 300 000 ?

Le fonctionnaire, exaspéré :

— Bon, on va pas faire des discussions de chiffonniers, vous aurez 400 000 !

Les directions générales cherchaient fébrilement des projets tout prêts et tous les protagonistes du système culturel ont vite compris que c'était *open bar* à Valois. Programmation inexistante, dossiers rudimentaires, pas de territorialisation, clientélisme à tous les étages : on comprend facilement pourquoi cette période a laissé chez certains artistes, devenus ainsi des thuriféraires enragés, le souvenir d'un rêve éveillé. Mais ce genre de politique laisse aussi des réveils douloureux. Des projets mal ficelés ont été mis sur pied. Un seul chiffre l'atteste : le nombre des compagnies théâtrales subventionnées est passé de deux cents à... six cents ! Des inégalités insupportables entre les régions et les structures se sont installées et le ministère de la Culture est devenu le guichet qu'un dernier rapport de la Cour des comptes a férocement dénoncé. Des féodalités se sont ainsi créées sur lesquelles il est impossible de revenir sauf à provoquer la fureur des gardiens du Beau et du Bien. Valois est enchaîné sur un lit de Procuste et condamné à la gestion des affaires courantes.

Et, tout naturellement, cette politique démentielle de l'offre n'a aucunement servi la démocratisation de la culture. Les études décennales du ministère au début et à la fin de la décennie 1981-1991 le montrent de façon éclairante. Sur la table du banquet de la culture, on a posé des mets plus ou moins savoureux, toujours plus nombreux, mais les convives autour de la table n'ont pas changé !

Dans *La Comédie de la culture*, Michel Schneider, homme de gauche, écrivain, assène que « rien n'est pire qu'un prince qui se prend pour un artiste[10] ». Et, dans la même veine, il pointe les artistes qui estiment au nom de leur génie avoir un droit de tirage illimité sur l'argent public sans se soucier de la demande des citoyens. Voilà comment il qualifie cette décennie : « Une politique culturelle spectaculaire et dispersée, volontariste et coûteuse, dispendieuse même en certains domaines[11]. »

11 mai 2021

Pensées…

Alors, quel ministère pour que celui-ci retrouve des ailes ?

Au-delà des personnalités emblématiques d'André Malraux et de Jack Lang, il faut rendre hommage à l'ensemble des vingt-trois ministres de la Culture qui m'ont précédée et dont nos concitoyens ont pour la plupart oublié les noms. Moi-même, je serais bien incapable d'en citer les deux tiers. Malgré une durée de fonction inférieure en moyenne à deux ans, presque tous et toutes ont apporté plusieurs fondements majeurs à l'édifice de la politique culturelle de notre pays dans un remarquable esprit de continuité et en tentant vaille que vaille de faire avancer des dossiers dans un environnement dévasté. On peut saluer Jean-Jacques Aillagon et la loi sur le mécénat, Jacques Toubon et sa défense héroïque de la langue française et la création de la Fondation du patrimoine, Jacques Duhamel et la création des Drac, les politiques structurantes d'un Michel Guy. Savoir, en arrivant, qu'on aura à peu près la même espérance de vie que sur la bande d'arrêt d'urgence de l'autoroute et continuer, en inaugurant les réalisations de son prédécesseur et en préparant celles qu'inaugurera son successeur…

La Cour des comptes, quant à elle, souhaiterait un ministère recentré uniquement sur des missions de pilotage et d'expertise des politiques culturelles. Géniale, la propension des magistrats de la rue Cambon à vous proposer des trucs générant des centaines de milliers de grévistes et qui conduisent au blocage et à l'occupation du réseau du spectacle vivant et du patrimoine ! Pour que des réformes aussi drastiques puissent avoir une chance d'être menées à bien, elles demandent un appui budgétaire fort et des capacités d'expertise en interne, car le ministère n'aura pas le budget et n'a pas les experts.

Troisième scénario, le plus probable. Il est très bien résumé par la scène devenue culte du documentaire d'Yves Jeuland filmée sur la terrasse de l'Élysée fin août 2015 alors que Fleur Pellerin vient d'être nommée ministre de la Culture, en remplacement d'Aurélie Filippetti.

Hollande et Valls sont à la manœuvre et prodiguent leurs conseils à Fleur. Le dialogue est digne d'Audiard :

Hollande — Il y a plein d'idées qu'on peut avoir. La force de Lang, c'était ça quand même ! Il était capable d'avoir des idées. Il faut des idées. Vois Jack ! Il a des idées !

Valls — Vois-le ! Il sera ravi !

Hollande — Premier rendez-vous à avoir, c'est Jack !

Valls — Et Monique !

Hollande — Et Monique, bien sûr !

Valls — Tu peux l'utiliser.

Rire gêné de Pellerin.

Valls — Vois Jean-Jacques Aillagon[12].

Hollande — Les anciens ministres, Jean-Jacques…

Valls — Va au spectacle !

Hollande — Tous les soirs, il faut que tu te tapes ça. Et dis que c'est bien, que c'est beau. Ils veulent être aimés !

Hollande — Il y a aussi une dimension économique. Ils sont très fiers d'être un levier économique. Il ne faut pas penser que cela ne les intéresse pas.

Tout est dit : zéro idée, un cynisme confondant, la beaufitude absolue. La femme instrumentalisée, entourée par deux mecs qui débitent des banalités en se prenant pour des aigles et en la prenant pour une cruche.

Mais cela traduit aussi une réalité du travail d'un ministre. On voit les artistes, les créateurs, les directeurs, les animateurs, on petit-déjeune, on déjeune, on dîne, on soupe. On court les théâtres, les expositions et les festivals. On se trémousse dans un concert de rap pour montrer son éclectisme. On peaufine pour France Culture ou *Les Inrocks* une interview agrémentée de quelques citations de Hannah Arendt, d'Antonio Gramsci ou de Jean Genet pour fignoler son image d'intello disruptif. Quand une nomination est effectuée, on assure le nouvel élu qu'il vous doit tout et le recalé que le président, hélas, n'a pas suivi toutes vos recommandations. On soigne son carnet d'adresses, on appelle tout le milieu par son prénom, on se fait photographier dans les pages Culture des magazines. Et puis, un jour, le portrait du quidam rejoint dans le « couloir de la mort[13] » ceux de ses prédécesseurs.

Vous aurez donc à choisir entre les mirliflores, les besogneux et les midinettes, les uns n'étant pas exclusifs des autres !

Quant à moi, mon parcours est singulier puisque j'ai été appelée à la fonction pour effectuer une mission commando dont il faut espérer pour mes successeurs qu'elle ne se reproduira pas. Vingt-deux mois intenses qui ne m'ont pas empêchée de mener beaucoup de projets structurants que je détaille dans ce livre. D'autres sont simplement ébauchés et j'espère qu'ils seront poursuivis par mes successeurs, comme la politique des festivals, la mission sur les opéras et sur les orchestres en région, précisément en réponse aux distorsions et aux inégalités qui sévissent sur le terrain, la refonte du système audiovisuel et du financement de la création audiovisuelle, la réforme de l'Opéra de Paris, le plan « France 2030 » avec l'impulsion donnée aux studios de tournage, aux techniques de la réalité virtuelle, aux écoles de formation, mon combat acharné pour la protection de la propriété intellectuelle, pour l'égalité femmes-hommes dans les nominations, contre les violences sexistes et sexuelles, la réforme du Pass Culture, etc. Mes 682 jours à Valois constituent une parenthèse inclassable, une sorte de prototype dont il faut espérer qu'il n'aura pas à être réutilisé.

C'est vraiment un paradoxe. Je sortais tous les soirs quand je n'étais pas ministre et, quand je le suis devenue, l'épidémie de Covid a fermé les salles de spectacle... Décidément, aucun des scénarios classiques n'était fait pour moi.

Je ne regrette rien.

X.
La propriété, ce n'est pas du vol

Tout au long de ce mandat, j'ai vécu des moments de grand bonheur et, si je ne devais en garder que quelques-uns dans ma mémoire, les rencontres avec les artistes du spectacle vivant seraient conservées précieusement dans ce panthéon. Un déjeuner avec Ariane Mnouchkine à La Cartoucherie, une matinée avec Robin Renucci dans un petit village de Haute-Corse, une photographie sur la scène de la Comédie-Française avec les comédiens pour le quatre centième anniversaire de Molière, rire avec Vincent Dedienne aux Bouffes du Nord, pleurer avec… non, là, il y en a trop !

Mais il faut bien aussi évoquer ses difficultés et même parfois ses échecs. Quand j'analyse les premières, je constate qu'elles sont toutes reliées par un fil invisible : le rapport biaisé que beaucoup d'entre nous entretiennent avec la propriété intellectuelle des œuvres culturelles. Je l'avais déjà constaté en 2009, lorsque Christine Albanel, alors ministre de la Culture, avait présenté la loi Hadopi, destinée à protéger les droits d'auteur sur

Internet. Si l'opposition était alors venue classiquement de certains opérateurs, tels Free ou Orange, pour des motifs financiers évidents, la polémique avait prospéré dans le débat public sur deux conceptions : la première met en avant le concept de propriété intellectuelle et la juste rémunération des artistes, la seconde argue de la protection des consommateurs et de leur droit illimité à se servir gratuitement des contenus culturels. À l'heure de la révolution numérique, cette question est devenue absolument capitale. Les jeunes – et des moins jeunes – trouvent tout à fait normal de télécharger illégalement des films ou de la musique, des partis – de gauche en général – considèrent que payer pour de la culture est immoral, des entreprises comme Google pillent ou ont pillé allègrement les contenus des journaux et des magazines. Une copine à la soixantaine dynamique me confiait fièrement qu'elle n'allait quand même pas payer un film alors que son fils lui refilait ceux qu'il avait piratés, vraiment du *peer-to-peer*. Je lui ai rétorqué :

— C'est une bonne idée. Pourquoi ne l'appliques-tu pas quand tu fais tes courses à Monop' ?

— Ben, quand même, c'est pas pareil !

— Ben si, c'est pareil : c'est du vol.

14 septembre 2020

Liebe Monika

Il fait un temps superbe à Berlin. Cette rencontre bilatérale avec ma collègue ministre CDU de la Culture et des Médias culturels, Monika Grütters, est importante. Il faut que la France se fasse des alliés. En effet, sur cette question des droits d'auteur et de la protection de la propriété intellectuelle, nous n'avons pas que des amis en Europe. Monika a pris des positions très fermes sur le sujet : « Les artistes et les créatifs doivent vivre de leur travail et pas juste en survivre. » D'autant plus important que le Parti pirate, qui lutte contre les sanctions sur le téléchargement illégal, a récolté des succès électoraux en Suède et en Allemagne et que le SPD, le parti socialiste allemand qui siège dans la grande coalition, est loin d'être ferme sur la question.

Sur la défense de la propriété intellectuelle, nos adversaires sont partout en Europe : dans les partis de gauche classiques, dans les partis alternatifs, dans les GAFAM, dans les plateformes, dans les pays libéraux, à la Commission européenne, qui déteste tout ce qui peut ressembler à une protection dans un marché où la régulation doit avoir un objectif : empêcher la régulation.

Ce qui est étrange et même choquant dans ce dossier, c'est bien l'alliance contre nature de la gauche extrême, des alternatifs et des tenants du capitalisme débridé. Va comprendre, Charles !

Quand ces sujets seront examinés en commission des affaires culturelles à l'Assemblée nationale, je verrai régulièrement le représentant de la France insoumise voter contre : « Mais enfin, monsieur Larive[1], vous vous battez pour qu'on protège notre marché automobile ou aéronautique et vous avez bien raison. La culture, c'est plus de 600 000 emplois et, pour vous, ça ne mérite pas d'être protégé ? »

Le paradoxe de la culture, c'est hélas que ses défenseurs répugnent à mettre en avant son importance économique, comme si cela la salissait. Comment expliquer alors aux 50 % de Français qui ne mettent jamais les pieds dans un théâtre, une salle de concert, un opéra, un cirque, un cabaret ou un festival qu'il est légitime de mettre autant d'argent dans le secteur de la culture ? La défense des droits d'auteur et de la propriété intellectuelle, c'est bien sûr la défense de la création française, mais c'est aussi des centaines de milliers d'emplois sauvegardés ou créés. Ce n'est pas la peine de se détourner en se pinçant le nez.

Avec Monika, la prise de contact est plus qu'amicale : chaleureuse. Je connais les codes après quelques années passées au Parlement européen comme de s'appeler immédiatement par son prénom et surtout de ne pas la ramener, pour casser, si c'est possible, la réputation d'arrogance qui colle aux politiques français.

Et je vais œuvrer, tout au long de ces 682 jours, à continuer mon travail de persuasion auprès de mes collègues et surtout de la Commission.

Celle-ci a déployé bien des manœuvres pour priver la directive « Droits d'auteur » d'une partie de son efficience. Je vous épargne les arguties juridiques. C'est toujours la même chanson : la liberté d'expression serait entravée par l'application du droit d'auteur à Internet et il y aurait des risques de surcensure de contenus sur les plateformes de partage. La Pologne a déposé un recours devant la Cour de justice au motif que le texte serait contraire à la Charte des droits fondamentaux.

Nous avons été finalement contraints de lâcher du lest mais, vraiment, je ne me suis jamais remise de la facilité avec laquelle l'Union européenne renonce à se protéger et laisse grand ouvert son marché unique dans lequel s'ébattent allègrement de grands prédateurs.

23 et 26 octobre 2020

Prendre Racine ?

Première rencontre avec la Société des gens de lettres puis avec la Ligue des droits d'auteurs professionnels. Cette entrevue a pour but de relancer la discussion sur le rapport Racine. Ce rapport avait été commandé par mon prédécesseur Franck Riester, pour mieux définir le statut d'artiste-auteur, qu'ils et elles soient écrivains, graveurs, peintres, vidéastes, etc., et améliorer la situation souvent très précaire de ces professionnels. Les auteurs, qui avaient remis leur travail au ministre au début de 2020, émettaient une liste de vingt-trois préconisations qu'il me revenait finalement de mettre en œuvre, ce que j'ai fait d'ailleurs pour quinze d'entre elles.

Pour le reste, je me suis trouvée devant un conflit dont je n'ai pas mesuré tout de suite la violence, violence attisée par le fait qu'une des parties avait fortement influencé l'écriture et l'analyse conceptuelle du rapport. Pour faire simple : la question posée est de savoir si le Code du travail l'emporte sur le principe de la propriété intellectuelle. Vaste sujet !

Depuis 1975, pour leur assurer une protection sociale, la France a fait le choix de tordre le droit en assimilant les artistes-auteurs à des salariés, ce qu'ils ne sont pas, et leurs diffuseurs à des employeurs, ce qu'ils ne sont pas non plus !

À partir de cette fiction juridique, certains voudraient aller plus loin et – ce dont ils conviennent à demi-mot – bénéficier de dispositifs qui s'apparenteraient plus ou moins au régime des intermittents du spectacle. Il faut dire que le déploiement des technologies numériques accélère le processus de standardisation et de dépendance de l'artiste-auteur envers son donneur d'ordre ou son client. D'ailleurs, d'ores et déjà, l'industrie des jeux vidéo salarie les créateurs et émet des clauses d'attribution de la propriété intellectuelle à leur profit. Je suis arrivée, grâce à un travail patient, à résoudre un certain nombre de problèmes et à ménager d'importants crédits de soutien économique, en aides directes et en exonération de charges, mais un certain nombre de revendications me paraissent attenter gravement au droit de la propriété intellectuelle. Faire d'un artiste un salarié au sens du Code du travail, c'est purement et simplement tuer la liberté de création, dénier l'existence d'un droit moral incessible qui garantit l'intégrité de l'œuvre et donc aliéner le droit d'auteur considéré comme « la plus sacrée, la plus personnelle de toutes les propriétés » depuis le discours du député Le Chapelier à l'Assemblée constituante.

Il y avait d'autres moyens d'améliorer la situation des artistes-auteurs, et, pour cela, des discussions avaient été ouvertes entre eux et les éditeurs. Des avancées avaient été trouvées mais, au dernier moment, les éditeurs n'ont pas validé cet accord. J'étais furieuse et chagrinée.

10 juin 2021

Privée de redevance

Les ennemis des auteurs sont partout, et parfois même au gouvernement. J'en ai eu la conviction lors du débat sur la redevance pour copie privée. Là encore, ceux qui ont décidé de s'attaquer aux artistes s'avancent toujours en poussant devant eux un certain nombre de bonnes intentions. Là, mes adversaires étaient ceux qui s'instituaient d'une part défenseurs de l'écologie et d'autre part de l'économie solidaire. Dur, dur.

De quoi s'agit-il ? Quand vous achetez un smartphone ou une tablette, vous payez une redevance destinée aux auteurs, artistes, éditeurs et producteurs, pour compenser la copie massive et gratuite de leurs œuvres. Cette redevance rémunère donc les artistes, mais soutient aussi des manifestations culturelles, en particulier des festivals, et finance des actions de formation et d'éducation. De mars 2020 à décembre 2021, 25 % des sommes récoltées ont abondé des aides d'urgence pour les professionnels en difficulté.

Et voici qu'une proposition de loi propose d'exonérer les appareils de seconde main de cette contribution ! Le montant de cette redevance payable une fois à l'achat s'échelonnant de 12 à 30 euros pour les appareils de plus de 160 Go, on voit mal comment soutenir que son application dissuaderait les acheteurs d'appareils reconditionnés quand on considère l'écart de prix entre neuf et reconditionné, entre 20 et 50 %. Contre Cédric O, secrétaire d'État au Numérique, et Barbara Pompili, ministre de l'Écologie, j'ai obtenu l'arbitrage de Jean Castex mais à condition d'un barème spécifique moindre pour les reconditionnés.

Le secrétaire d'État s'est absenté pendant la discussion et le vote de ce point pour ne pas avoir à défendre un arbitrage rendu contre lui. Tant mieux.

Pourquoi, nom d'un chien, faut-il toujours se battre le couteau entre les dents pour les créateurs et devoir *in fine* donner sa livre de chair pour garantir un juste droit ? C'est vrai que, sur les plateaux de télé, on voit toujours les stars friquées du show-biz, mais celles-ci ne représentent qu'une infime partie d'un monde marqué par la précarité et parfois le désespoir. De ma place aujourd'hui, je continuerai à mener ce combat.

12 octobre 2021

« Qu'est-ce qu'elle fout là, Bachelot ? »

Dix heures. Palais de l'Élysée.

Je m'assieds au premier rang des ministres.

Le président de la République présente un plan massif d'investissements de 100 milliards d'euros pour faire émerger des champions technologiques. On parle réacteurs nucléaires, filière hydrogène, avion bas-carbone, médicaments anticancéreux. J'entends un participant dire à son voisin :

— Mais qu'est-ce qu'elle fout là, Bachelot ?

— Je ne sais pas trop… Elle est là pour écouter ? Sans doute !

Mon bon monsieur, pour peu qu'on s'en donne les moyens, la culture et la création cinématographique et audiovisuelle peuvent constituer un formidable gisement de valeur, d'emplois et d'influence politique. C'est bien la raison pour laquelle il y a, dans « France 2030 », un volet âprement négocié destiné à placer le pays en tête de la production des contenus culturels et créatifs. Oui, mais il faut aussi assortir cette démarche d'un combat déterminé pour protéger nos artistes et nos créateurs dans leurs droits et, sur cela, on ne peut transiger.

XI.

Ici, il n'y a pas de pourquoi

27 janvier 2022

On ne peut retracer l'indicible

D'habitude, un déplacement de ministres avec Jean Castex se fait dans une ambiance de franche camaraderie décontractée, les bons mots et les blagues fusent… Ce matin-là, dans l'avion qui nous mène à Katowice, l'ambiance est silencieuse. Avec les ministres Emmanuelle Wargon et Clément Beaune, c'est dans la disposition d'esprit d'un pèlerinage mémoriel tragique que nous nous rendons à Auschwitz-Birkenau pour le soixante-dix-septième anniversaire de la libération du camp d'extermination. Élie Buzyn[1] et Léon Lewkowicz, rescapés de l'enfer, sont avec nous, ainsi que d'éminentes personnalités, toutes dépositaires au premier chef de l'œuvre de mémoire : le grand rabbin Haïm Korsia, le président du consistoire Élie Korchia, le président du Crif Francis Kalifat, le président du

Comité français Yad Vashem Pierre-François Veil, le président de l'Union des étudiants juifs de France Samuel Lejoyeux, Serge et Beate Klarsfeld, respectivement président et membre de l'association Fils et Filles des déportés juifs de France. Le Premier ministre a voulu que des jeunes nous accompagnent : ils et elles étudient au lycée Saint-Charles d'Orléans, au lycée Charles-de-Gaulle de Dijon et au collège Charles-Péguy de Palaiseau.

L'atmosphère est recueillie.

On ne peut retracer l'indicible, le sentiment d'anéantissement, de colère, de désespoir qui vous submerge lors de la déambulation dans le camp. Les vestiges entassés, cheveux, chaussures, valises, les photos avec ces visages souriants d'enfants assassinés classées par sinistres numéros de convois, la morsure de ce froid infernal sur l'*Appellplatz*, alors qu'à 15 heures la nuit est déjà tombée sur cette terre de détresse. Les fantômes des pauvres hères dans leur costume rayé m'entourent, leurs yeux creux me scrutent et l'interrogation existentielle de Primo Levi dans *Si c'est un homme* me hante, alors que mon cher Haïm Korsia me donne un bras secourable : « Je n'ai pas plutôt détaché le glaçon qu'un grand et gros gaillard me l'arrache brutalement. "*Warum ?*" dis-je dans mon allemand hésitant. "*Hier ist kein warum*" (ici, il n'y a pas de pourquoi)[2]. »

J'ai six ans lorsque Mlle Daubigny, chez qui maman m'envoie faire mes devoirs, me montre les images des camps de la mort, le portail « ARBEIT MACHT FREI », les cadavres entassés, les baraquements, les fours crématoires, les visages décharnés des rescapés. La vieille dame aux cheveux argentés tient son face-à-main avec délicatesse, et ce qu'elle décrit n'en a que plus de violence. Dans une précision clinique, le mécanisme de l'extermination s'anime avec une lucidité incroyable. Quarante-trois ans avant le discours de Jacques Chirac au Vél' d'Hiv, elle me raconte que ce sont des policiers français, des politiciens français, des citoyens français qui n'ont pas été seulement les complices mais les instigateurs de ces crimes abominables. Devait-on dire et montrer cela à une enfant de six ans ? Oui, mille fois oui.

Si nous voulons devenir et rester humains, il nous faut indéfiniment nous poser cette question : « Pourquoi ? » Se contenter de se demander pourquoi des personnes abjectes ont programmé l'extermination est une impasse, une façon hypocrite de repousser le mal absolu loin de soi. Pourquoi des gens « simples et bons » ont accepté et, pire, organisé le génocide, c'est se poser inlassablement la question : « Et moi, qu'aurais-je fait ? » et, inlassablement, se préparer à résister à cette part d'inhumanité et de lâcheté qui est en chacun de nous.

Les suppliciés de la Shoah me hantent depuis ce jour. Je les voyais entrer dans ma chambre d'enfant et, comme dans un rendez-vous pris il y a soixante-dix ans, ils sont là sur l'*Appellplatz* et me disent : « *Warum ?* »

Dans cette reviviscence, il y a comme toujours la douceur des choses, vibrer en écoutant le beau discours de Jean, pleurer avec Emmanuelle, qui retrouve les traces de parents assassinés, discuter avec Pierre et Charlotte, des lycéens qui n'en reviennent pas de nous voir « comme à la télé », rire avec Haïm en se partageant les barquettes de bouffe casher – à lui la viande, à moi les légumes… Et repartir plus lourde de souvenirs et plus légère grâce à toute cette humanité.

Tout cela, je l'avais au fond du cœur quand j'ai été nommée ministre de la Culture et j'étais bien décidée à faire de la restitution des biens juifs spoliés un axe fort de mon action mémorielle. On me rétorquera que rendre des tableaux volés n'est rien en face de tant de crimes, que l'on estime à plus de cent mille le nombre d'œuvres d'art volées aux juifs français par les nazis et leurs complices français et qu'en rendre quelques dizaines, c'est se moquer du monde. D'autres donneront dans l'ignominie, comme ce journaliste qui m'a interpellée :

— Vous êtes garante de la protection du patrimoine et vous appauvrissez les musées français !

— Monsieur, lui rétorqué-je, quand on rend justice, on ne s'appauvrit pas, on s'enrichit…

Il faut reconnaître que, pendant des années, certains musées n'ont pas été très regardants sur la provenance des œuvres et extrêmement réticents à restituer alors que la spoliation était clairement avérée, attitude que l'on retrouve trop souvent chez les musées américains, un avocat d'une de ces institutions ayant froidement déclaré que ce n'est pas au musée dont il était le conseil de « réparer les blessures de l'histoire »… Didier Schulmann, l'ancien conservateur du Centre Pompidou reconnaissait que, face aux demandes de restitutions, il avait « défendu l'indéfendable… ». Il n'est pas le seul.

Dans un discours fondateur, Jacques Chirac, le 16 juillet 1995, commémore la rafle du Vél' d'Hiv, qui eut lieu les 16 et 17 juillet 1942, et reconnaît pour la première fois la responsabilité de l'État français dans cette ignominie. Treize mille juifs, hommes, femmes et enfants sont arrêtés, parqués au Vél' d'Hiv par quatre mille cinq cents policiers et gendarmes français avant d'être envoyés vers les camps de la mort. « La France, ce jour-là, accomplissait l'irréparable », assène Chirac. La rupture avec François Mitterrand, décoré de la Francisque, ami de Bousquet et résistant bien tardif, est implacable.

Cette rupture marque aussi le début d'une politique publique de reconnaissance des spoliations subies par les personnes juives déportées, exilées ou réduites à s'être cachées pendant la guerre 39-45. Tous les gouvernements participeront activement au déploiement de cette politique, depuis la mission Matteoli en 1997 et la création de la CIVS, la Commission d'indemnisation des victimes de spoliations, en 1999. Par ailleurs, une Mission de recherche et de restitution des biens culturels spoliés entre 1933 et 1945 a été créée le 16 avril 2019 par Franck Riester et est dirigée par l'excellent administrateur David Zivie, auteur d'un rapport sur le sujet et qui travaille en étroite collaboration avec la CIVS ainsi qu'avec le Deutsches Zentrum Kulturgutverluste, le Centre allemand des œuvres d'art disparues.

Le 15 mars 2021, j'ai l'honneur d'annoncer que – c'est une première – je vais déclasser le tableau de Gustav Klimt *Rosiers sous les arbres*, seul tableau de Klimt détenu dans une institution publique française, le musée d'Orsay. Laurence des Cars, alors merveilleuse patronne d'Orsay, n'a pas les réticences de certains de ses collègues. Avant même la loi qui va, le 21 février 2022, lever le principe d'inaliénabilité d'une œuvre détenue par un musée public français, elle a fait décrocher le tableau et l'a entreposé dans les réserves. Et, ce jour-là, il est transporté au ministère dans le salon des Maréchaux pour être dévoilé pendant la conférence de presse. J'ai demandé auparavant à rester seule avec lui pendant une heure dans un dialogue intense avec l'œuvre mais aussi avec sa propriétaire, Éléonore « Nora » Stiasny, déportée en Pologne en 1942 avec sa mère, son mari et son fils. Aucun n'est revenu.

L'histoire de Nora est caractéristique. Juive autrichienne, elle est contrainte en 1938, après saisie de ses biens immobiliers, de vendre pour une bouchée de pain son tableau au nazi qui l'enverra en déportation et qui le fit trôner dans son salon avant de le revendre à la galerie Nathan de Zurich pour être acheté de bonne foi par le musée d'Orsay, en 1980. Tel un véritable limier, la chercheuse Ruth Pleyer a pendant vingt ans pisté le tableau pour qu'il soit rendu aux héritiers.

Ce jour-là, nous nous parlons par vidéo car nous sommes en pleine crise pandémique :

— Merci de votre geste extraordinaire. Il est incomparable, me dit Ruth.

Je lui réponds, à bout d'émotion :

— Nous sommes engagés dans un examen méthodique de toutes nos collections… Nous allons au-devant des demandes des ayants droit. C'est un engagement de la France à rendre justice. Cette décision est notre honneur et l'accomplissement de notre devoir face à l'histoire.

Mes pensées volent, en lui parlant, vers Jacques Chirac, vers mes parents résistants, mais surtout vers ma grand-mère, Corentine, qui cacha des juifs dans son grenier.

Il fallait une loi pour lever l'inaliénabilité des *Rosiers* de Klimt et donc passer par le Parlement. D'autres œuvres étaient aussi concernées : un tableau de Maurice Utrillo détenu par la ville de Sannois[3] à rendre à la famille de Georges Bernheim, onze dessins de Jean-Louis Forain, Constantin Guys, Henry Monnier et Camille Roqueplan ainsi qu'une cire de Paul-Jules Mêne à rendre aux ayants droit d'Armand Dorville et, pendant l'examen du texte, par amendement, j'ajouterai le tableau de Marc Chagall *Le Père*, exposé au musée d'Art moderne et qui s'est révélé avoir été volé à Lodz à Daniel Cender, un musicien polonais.

Ce soir-là, le 25 janvier 2022, à l'avant-veille de mon pèlerinage à Auschwitz, Ruth Pleyer accompagne à l'Assemblée nationale la famille de Nora Stiasny et de l'industriel juif Viktor Zuckerkandl, oncle de Nora, premier acheteur des *Rosiers sous les arbres*. Auparavant, ils sont allés contempler « leur » tableau dans les réserves d'Orsay et nous nous retrouvons dans un bureau du Palais-Bourbon avec Fabienne Colboc, rapporteure du texte, Bruno Studer, le président de la commission des affaires culturelles, et certains des orateurs de la majorité. L'émotion est palpable et pourtant rien ne peut égaler, quelques heures plus tard, ce moment inouï où les députés, qui viennent de voter à l'unanimité la loi de restitution, se tournent vers la tribune du public pour applaudir la famille de Nora Stiasny dans une communion dont la fierté, mais aussi un certain sentiment de culpabilité n'étaient pas absents.

Pour me remercier, à la demande des descendants Stiasny, Ruth Pleyer m'avait envoyé une photo de Nora prise en 1928 au temps des jours heureux. On la voit tenant son petit chien dans les bras aux côtés de son fils Otto et de ses neveux Rudolf et Viktor.

Je l'ai encadrée et exposée avec mes photos de famille. C'est sa place.

18 février 2022

Voilà pourquoi je m'énerve

4 h 30 du matin. La voiture me dépose au pied du Falcon qui s'apprête à décoller pour Cotonou, la capitale du Bénin. Ce déplacement à l'invitation du président béninois, Patrice Talon, est destiné à inaugurer dans le palais présidentiel de la Marina l'exposition des vingt-six œuvres emportées par le général Dodds lors du sac du palais du roi Béhanzin à Abomey et restituées par la France au Bénin[4]. La délégation qui m'accompagne, outre une équipe opérationnelle du cabinet, est composée de l'indispensable Emmanuel Kasarhérou, le patron du musée du Quai Branly-Jacques-Chirac, où étaient jusqu'alors exposés ces trésors, le président de la commission des affaires culturelles de l'Assemblée

nationale, Bruno Studer, et Yannick Kerlogot, député rapporteur du projet de loi sur cette restitution.

En fait, ce voyage est le point d'orgue d'un long travail commencé après le célèbre discours prononcé à Ouagadougou par Emmanuel Macron, le 28 novembre 2017, pour « permettre aux Africains, en particulier à la jeunesse, d'avoir accès en Afrique et non plus seulement en Europe, à leur propre patrimoine et au patrimoine commun de l'humanité ». Bénédicte Savoy et Felwine Sarr[5] furent chargés d'établir un rapport sur une politique de restitution des œuvres pillées pendant la colonisation, ouvrant des polémiques aux remugles souvent déplaisants, mais aussi des questionnements intéressants, portés y compris par des ethnologues africains. Il était en effet particulièrement choquant de refuser ce retour au motif que les Africains seraient incapables de conservation et de présentation muséale, une assertion parfaitement insupportable, de même que la crainte exprimée de voir « se vider les musées français ». Plus féconde était l'observation selon laquelle ces objets étaient investis d'une dimension sacrée et magique qu'ils avaient perdue en étant arrachés à des lieux de pouvoir et de culte[6].

Il fallait ensuite mener un travail législatif approfondi pour procéder à cette restitution sans remettre en cause l'inaliénabilité des collections nationales en organisant une dérogation limitée et encadrée à ce principe. C'est à partir de là que je suis intervenue puisque j'ai présenté le projet de loi lors de mon deuxième Conseil des ministres, le 15 juillet 2020.

On pourrait penser qu'un pareil dossier susciterait seulement l'intérêt de quelques spécialistes et l'indifférence d'une large partie de l'opinion publique. Dans un contexte où la question des réparations liées à l'esclavage et aux conquêtes coloniales est exacerbée par le développement du mouvement « Black Lives Matter », la polémique a été vive, d'autant que le rapport Savoy-Sarr préconisait le retour de quatre-vingt-dix mille objets détenus par des musées français, dont soixante-dix mille conservés au musée du Quai Branly-Jacques-Chirac…

Les demandes affluaient de toutes parts concernant parfois plusieurs centaines d'objets, parfois très symboliques, comme le Djidji Ayokwe, le tambour-parleur du peuple ebrié réclamé par la Côte d'Ivoire, d'autres beaucoup moins intéressants, comme de simples fragments de poteries, certains posant même des problèmes quasi insolubles d'identification quand il s'agit de restes humains, comme le rapatriement du crâne de l'Ampanjaka Toera à Madagascar. Chaque demande exige un travail patrimonial intense de traçabilité et un travail législatif au cas par cas. Certains – dont le président de la République – plaident pour une loi-cadre installant une instance généraliste baptisée pompeusement « Conseil national de réflexion sur la circulation et le retour des biens culturels extra-européens », dont on voit mal la valeur ajoutée par rapport aux structures existantes tant l'étude des œuvres requiert des spécialistes chevronnés. Enfin, comme d'habitude, la France sacrifiera à son goût des comités Théodule prompts à produire des rapports, des recommandations et des livres blancs dont tout le monde se contrefout. Cela permettra à quelques oisifs de trouver une raison de vivre et à quelques fonctionnaires réquisitionnés pour dresser les procès-verbaux et verbeux de ces réunions de justifier leur rémunération.

Voilà que je m'énerve… Revenons à nos beautés.

Malgré ces débats, nous avons avancé : le projet de loi a été voté en octobre 2021 à l'Assemblée et en novembre au Sénat, l'accord gouvernemental transférant la propriété des vingt-six biens culturels au Bénin a été signé par mon collègue béninois Jean-Michel Abimbola et moi-même, à l'Élysée, le 9 novembre 2021. La France, par l'intermédiaire de l'Agence française de développement, a confirmé le financement d'un nouveau musée sur le site d'Abomey à hauteur de 35 millions d'euros.

Ce 19 février, c'est le choc esthétique absolu. Avec le président, Patrice Talon, le ministre Jean-Michel Abimbola et les chefs coutumiers en grande tenue avec leurs sceptres royaux, les récades, nous allons à la rencontre des statues anthropozoomorphes des rois Behanzin, Ghezo et Glélé, accompagnées de leurs trônes, de portes en bois sculptées de l'ancien palais d'Abomey, des objets rituels et même de la tunique

que portaient les Amazones, ces guerrières gardes personnelles des rois du Dahomey. Une pure splendeur.

Présentée au palais de la Marina, celui de la présidence de la République du Bénin, cette exposition diptyque et diachronique, réunit l'art des cours royales du Danxomè (Dahomey) mais aussi la création contemporaine des XXe et XXIe siècles portée par trente-quatre artistes confirmés et émergents du Bénin et de sa diaspora.

La confrontation est puissante, intelligente, réconciliatrice entre les continents mais aussi entre les ethnies qui peuplent le Bénin et qui ont vécu une histoire semée de conflits internes et externes. J'avais dit au Sénat, le 4 novembre précédant, que le contexte actuel nous rappelait de la façon la plus tragique à quelles extrémités monstrueuses les crispations identitaires et le mépris de la culture de l'autre peuvent conduire. La fonction première de la culture est d'exprimer et d'explorer ce que notre condition humaine a d'universel.

Cette conviction est le fondement de notre ministère de la Culture mais elle est de moins en moins partagée. La restitution du trésor d'Abomey était sans doute la plus belle manière de rappeler que nous ne renoncerons jamais à cette conviction.

Les événements catastrophiques qui se préparent au centre de l'Europe vont sonner comme un tocsin et un avertissement dans quelques jours. Ce sont bien les valeurs de la culture qui vont être blessées et parfois anéanties.

24 février 2022

Les assertions de Poutine sont aussi ridicules que si Joe Biden décidait d'envahir la France

Depuis à peine deux mois, la France préside le Conseil de l'Union européenne et, pour ma part, j'assure la présidence des Conseils des ministres de la Culture et de la Communication. Les bruits de bottes à la frontière russo-ukrainienne se font de plus en plus pressants et, à 4 heures du matin, Vladimir Poutine commet l'irréparable et annonce l'invasion de l'Ukraine. Tous les modes d'agression sont mobilisés : les chars, les troupes d'infanterie, les tirs de missiles et, comme un symbole funeste, Kiev est bombardé. Kiev, la ville sainte, un des joyaux de la culture européenne avec ses innombrables monuments historiques dont deux sont inscrits au patrimoine mondial, la cathédrale Sainte-Sophie et la laure[7] des grottes de Kiev. Dès le premier jour, cent mille civils quittent le pays. Ils seront cinq cent mille trois jours après et plusieurs millions en quelques semaines. Si le président russe mène une guerre terrestre, maritime et aérienne, il livre aussi une puissante guerre informationnelle, présentant sans vergogne l'invasion comme une opération de « dénazification ». Les organes de presse à la solde du Kremlin, ceux qu'Emmanuel Macron avait qualifié d'« organes d'influence », quand il avait reçu Poutine à Versailles, le 29 mars 2017, sont à l'œuvre.

Personne ne peut nier que l'antisémitisme est un fléau criminel qui a miné toute l'Europe depuis l'Antiquité gréco-romaine. Il a pris diverses formes, allant de simples préjugés, en passant par des processus d'exclusion ou d'expulsion, jusqu'à des pillages, des viols et des massacres de communautés entières. Ces phénomènes d'extermination ont été particulièrement importants dans toute la Mitteleuropa – spécialement en Autriche, en Allemagne, en Roumanie –, dans les Balkans et en Russie. C'est ainsi que le tsar Alexandre III a mené une politique cruellement antisémite en rendant les juifs responsables de l'assassinat de son père, Alexandre II. Des pogroms massifs sont perpétrés entre 1880 et 1883, en particulier dans l'Ukraine actuelle, alors dans l'Empire russe, et où vivent d'importantes communautés juives. À la fin septembre 1941, c'est aussi en Ukraine que se déroule un des épisodes les plus abominables de l'extermination des juifs d'Union soviétique par l'Allemagne nazie – ce qu'on appelle la « Shoah par balles » – où, dans un premier temps, plus de trente-trois mille juifs sont assassinés en deux jours dans le ravin de Babi Yar, à proximité de Kiev, par des militaires et des policiers allemands avec l'appui d'un bataillon d'Ukrainiens nationalistes recrutés à cet effet. Par la suite, les massacres dans ce lieu ont continué et l'on estime qu'environ cent mille juifs ont été exterminés à Babi Yar. Dans ces pogroms, les nazis ont donc souvent trouvé les nationalistes ukrainiens comme supplétifs et, par ailleurs, pour affaiblir le pouvoir stalinien, ont également apporté leur soutien aux organisations indépendantistes[8], telle l'OUN-B, l'Organisation des nationalistes ukrainiens de Stepan Bandera, encore regardé par certains de ses compatriotes comme un héros national. Arrêté par les nazis qui refusaient sa proclamation d'indépendance de l'Ukraine et envoyé dans le camp de Sachsenhausen, en 1942, il va néanmoins continuer à collaborer avec les Allemands à sa libération, en 1944, avant d'être assassiné par les services secrets soviétiques à Munich, en octobre 1959. C'est sur cette histoire complexe et datée que Vladimir Poutine justifie l'invasion de l'Ukraine, baptisée « opération militaire spéciale » et destinée à « dénazifier » le pays. Assertion grotesque quand on sait que Volodymyr Zelensky est juif et qu'il rappelle : « Comment pourrais-je être nazi ? Expliquez-le à mon grand-père qui a fait toute la Seconde Guerre mondiale dans un régiment d'infanterie de l'armée soviétique ! »

Trois frères de ce grand-père ont disparu durant la Shoah…

Les assertions de Poutine sont aussi ridicules que si Joe Biden décidait d'envahir la France pour la « dénazifier » au motif que les Français applaudissaient Pétain et que des policiers français ont pratiqué la rafle du Vél' d'Hiv…

Elles ne sont que des falsifications misérables pour justifier une politique d'expansion coloniale, de reconstitution de l'Empire soviétique et de russification forcée des populations.

Le programme européen de ma présidence me paraît soudain bien dérisoire. Il faudra, bien sûr, le continuer et même aller vite pour le boucler puisqu'il ne reste que six semaines avant l'élection présidentielle. Ce matin-là, je me fixe deux priorités : d'une part, aider le gouvernement ukrainien à protéger son patrimoine et soutenir les artistes qui fuient la guerre, d'autre part, stopper en urgence la diffusion des organes de propagande russe, en premier lieu RT, Russia Today, et Sputnik, que nous avions déjà vu à l'œuvre lors de la crise dite des « Gilets jaunes ».

À 16 heures, j'ai mon homologue allemande Claudia Roth au téléphone. Claudia, nouvelle ministre « verte » du gouvernement Scholz, est une fille épatante, pleine de dynamisme, s'habillant avec des fringues insensées et… francophone, ce qui ne gâche rien. Nous convenons toutes les deux de mobiliser, dans chacun de nos gouvernements, un fonds d'urgence pour les artistes, de mettre à l'agenda du Conseil des ministres que je préside à Angers le 6 avril une riposte coordonnée de nos collègues et d'y inviter par visioconférence notre collègue ukrainien, Aleksandr Tkachenko. Les services et ma précieuse conseillère aux affaires européennes, Séverine Fautrelle, s'activent comme des malades pour informer et mobiliser toutes les parties prenantes sans jamais froisser le Quai d'Orsay, sourcilleux de ses prérogatives et soupçonnant toujours les autres ministres, dès qu'ils se mêlent de politique internationale, de vouloir déclencher une troisième guerre mondiale.

28 février 2022

La guerre au cœur de la culture

Par ailleurs, je fais organiser des rendez-vous pour le lundi 28 février avec les trois patrons des structures qui diffusent la propagande russe : Maxime Lombardini pour Free, Maxime Saada pour MyCanal, et Jean-David Blanc pour Molotov TV pour leur demander de suspendre ces émissions. Je me doute qu'ils se réfugieront derrière la nécessité d'une injonction de l'autorité de régulation, l'Arcom, de crainte d'un contentieux, mais, après tout, on peut espérer qu'ils auront compris que la guerre est au cœur de l'Europe et qu'en pareil cas, en appeler à la bureaucratie est médiocre… Je craignais cette frilosité, je n'ai pas été déçue et nos trois protagonistes perdront une belle occasion d'anticiper avec panache une procédure qu'on leur imposera quelques jours plus tard.

Cette frilosité contraste singulièrement avec l'extraordinaire et immédiate mobilisation du monde culturel. Les propositions d'aide et d'accueil affluent de toutes parts. Il faut organiser et financer. Les artistes veulent aussi témoigner avec leurs tripes leur solidarité par toutes sortes de manifestations. Samedi 26 février, à la Philharmonie, l'orchestre Demos, composé de jeunes de tous les pays de l'Union européenne, donne l'œuvre majeure de Modeste Moussorgski *Tableaux d'une exposition* dans l'orchestration de Maurice Ravel. Quand éclatent les majestueux accords du dernier tableau, *La Grande Porte de Kiev*, la salle est transportée d'enthousiasme et d'émotion. Le 1er mars, Stanislas Nordey, le patron du Théâtre national de Strasbourg, et Lucie Berelowitsch, qui dirige le centre dramatique national du Préau à Vire, en Normandie, me téléphonent pour m'informer qu'ils organisent au théâtre de Chaillot une veillée de solidarité retransmise sur France Culture et France Télévisions. Plus de soixante artistes – les plus grands noms de la scène française – ont accepté de lire des textes. Stanislas me lance tout à trac : « Vous accepteriez d'en être ? »

J'en ai le souffle coupé. Sur la scène mythique de Chaillot, avec des stars comme Guillaume Gallienne,

Hervé Pierre, Dominique Blanc et tant d'autres ? Bouffée intense de stress mais c'est trop excitant.

Et c'est ainsi que, trois jours plus tard, j'ai lu un grand passage des *Veillées ukrainiennes*, de Nikolaï Gogol, et que j'ai reçu un des plus beaux compliments de ma vie. Stanislas Nordey m'a félicitée, lui dont j'admire par-dessus tout la diction incroyable[9] : « C'était vraiment très bien ! »

Il semblait sincère. Les méchants diront qu'il est un grand acteur…

Quand je réunis, le 11 mars, les responsables de tous les établissements publics, tout est au carré : une ligne téléphonique d'urgence en ukrainien et opérationnelle avec Atelier des artistes en exil, les modalités de soutien aux structures qui accueillent des réfugiés, ainsi que des aides à projet et des bourses pour les étudiants ukrainiens accueillis dans nos écoles d'art.

Avec l'organisation Aliph[10], l'Alliance internationale pour la protection du patrimoine dans les zones en conflit, nous nous déployons pour envoyer du matériel de protection à nos collègues des musées ukrainiens. La représentante de la France pour Aliph, la merveilleuse Bariza Khiari, conseillère du président Macron, est à la manœuvre et c'est le moment où vraiment je ne regrette pas tous les efforts que j'ai déployés depuis des mois pour convaincre mes collègues européens, mais aussi ceux des pays du Golfe, de nous rejoindre. Cela s'était concrétisé par une productive « Conférence des donateurs » tenue au Louvre le 31 janvier auparavant. Tout le monde est sur le pont.

La veille, j'ai voulu mettre les choses au point. En effet, un mouvement monte partout en Europe qui voudrait qu'on interdise les musiciens et les écrivains russes et qu'on annule les prestations de tous les artistes russes. Interdire Tolstoï, Dostoïevski, Tchaïkovski, et quoi encore ? Des institutions comme la Scala de Milan somment des artistes russes en tournée de dénoncer Poutine, au risque de voir leurs familles menacées et emprisonnées. Il faut absolument que la France édicte une doctrine fiable et équilibrée sur le sujet. Si j'attends le feu vert du Quai d'Orsay et de l'Élysée, j'y serai encore dans plusieurs mois après quatre-vingt-dix-sept vérifications et corrections. Petit subterfuge réutilisable par les amis ministres qui enragent de se voir ainsi rogner les ailes : je profite de la présentation de la Semaine de la langue française et de la francophonie pour me faire interroger par l'AFP sur le sujet. Il faut être précis : « Il ne peut y avoir aucun boycott de la culture russe… On ne va pas arrêter de jouer Moussorgski, arrêter de jouer Tchaïkovski ou Tchekhov. […] La ligne est claire : nous ne soutenons pas les représentants des institutions russes ou des artistes qui ont apporté leur soutien à Vladimir Poutine. »

Le matin même, avec Olivier Mantei, le patron de la Philharmonie, nous étions convenu qu'il fallait débrancher le chef d'orchestre Valery Gergiev et le pianiste Denis Matsouïev, soutiens affirmés de la dictature du Kremlin. J'enfonce le dernier clou : « Par ailleurs nous soutiendrons les artistes russes contraints à l'exil en les accueillant dans leurs projets et en les soutenant financièrement. »

Une fois de plus, tous les artistes et tous les responsables culturels furent au rendez-vous et le soixante-seizième Festival d'Avignon s'ouvrit le 7 juillet 2022 en présence de ma successeure avec une représentation du *Moine noir* mis en scène par Kirill Serebrennikov, condamné et assigné à résidence par les juges à la solde de Poutine, Serebrennikov qui nous avait envoyé un véritable coup de poing au foie avec son film *La Fièvre de Petrov.*

Dans mon esprit, il n'y avait pas qu'une coïncidence temporelle entre le pèlerinage à Auschwitz, la restitution des trésors d'Abomey et cette mobilisation pour les artistes menacés. La bête immonde commence toujours par s'attaquer aux artistes car ils et elles portent la conscience du monde.

7 avril 2022

Mon testament de départ

Plus que trois jours avant le premier tour de l'élection présidentielle. Pour la quatrième fois, je suis en visioconférence avec Aleksandr Tkachenko. Il me détaille la grande misère de son ministère, dont les crédits ont été totalement vampirisés par l'effort de guerre.

— Aleksandr, il te faudrait combien pour faire tourner ta boutique pendant un an ?

Mon interlocuteur fronce les sourcils et réfléchit deux secondes :

— Avec 30 millions d'euros, ça devrait aller.

Je n'ose lui dire :

— Seulement ?!

Mon esprit galope : comment faire passer le message à Emmanuel Macron et à Jean-Yves Le Drian, comment activer la Commission européenne, comment s'assurer que les 30 millions demandés n'iront pas dans l'achat de lance-roquettes, comment, comment ? La guerre continue et dans quelques jours je serai partie.

Dans mon testament de départ, j'ai confié ce dossier de la culture ukrainienne à mes successeurs. Hélas, déjà, les petits drapeaux jaune et bleu se faisaient de plus en plus rares au revers des vestes et des vestons…

XII.
Quitter les choses avant qu'elles ne vous quittent

3 mars 2022

Les autres candidats brillaient par leur absence

Alors que la date limite de dépôt des candidatures à l'élection présidentielle est fixée au vendredi 5 mars à 18 heures, Emmanuel Macron se décide – enfin ! – à annoncer qu'il est candidat par une lettre aux Français mise en ligne ce jeudi soir. Pour un peu, dites donc, il aurait loupé le rendez-vous !

Faire son boulot de petit soldat du président de la République n'est pas chose aisée dans une mise en route aussi poussive. Certains jours, en l'observant à la table du Conseil des ministres, je me suis demandé s'il avait vraiment envie d'être réélu. J'avais constaté à peu près le même syndrome chez Jacques Chirac et chez Nicolas Sarkozy. Voilà des hommes qui ont commandé les affaires de la France, rencontré tous les grands de ce monde, été entourés de toutes les révérences, de toutes les attentions. L'élection les fait atterrir brutalement. Et franchement, être ramené à une fonction de politicien lambda au milieu d'une douzaine de clampins ne les ravit pas plus que ça. Nos trois récidivistes ne l'exprimaient pas de la même façon. Jacques Chirac était horripilé par les discussions tactiques que nous menions, Dominique de Villepin, Jérôme Monod, Claude Chirac, Antoine Rufenacht et moi-même, lors de notre réunion matinale quotidienne. Quand nous nous écharpions, il se levait : « Bon, les amis, quand vous vous serez mis d'accord, vous me faites signe. » Et, impérial, il nous quittait, nous laissant, valetaille, gérer l'intendance.

Nicolas Sarkozy, lui, était plus distant encore. Nous avions eu la mauvaise idée lors d'un Conseil des ministres de lui demander comment nous devions organiser notre soutien. « Comme vous voulez. De toute façon, ça n'a aucune importance. Ce qui va compter, c'est quand, moi, je vais rentrer en campagne ! » rétorqua-t-il. Et pan sur le bec ! Cela avait conduit à une totale désorganisation car nous nous rendions tous dans les mêmes « bonnes » circonscriptions tenues par des députés UMP au lieu de labourer des territoires à conquérir.

Sarko était déjà haut dans l'atmosphère ; Macron, lui, est dans la stratosphère. Après tout, peut-être est-il simplement mort de trouille. En tout cas, il cache bien son jeu. Quand on se dit qu'on a été l'un des maîtres du monde et qu'à 49 ans au mieux tout cela va s'arrêter, il y a de quoi se poser des questions existentielles.

J'ai décidé ce jour-là de ne plus m'en poser, de questions ! Parler de culture est une ardente obligation. Même s'il y a des sujets sur lesquels je ne suis pas d'accord avec le président, comme la suppression de la redevance télévisuelle ou le régime spécial de retraites de l'Opéra de Paris, je suis fière de porter son bilan et je le fais sans arrière-pensées. Non, ce qui me chagrine, c'est que j'ai le sentiment que tout le monde s'en fout. C'est dommage, mais après tout, si l'on veut bien considérer que moins de 10 % des Français sont des « consommateurs » habituels de pratiques culturelles, certains pensent qu'il vaut peut-être mieux leur parler du prix de l'essence et de la guerre à nos portes. Ils ont tort.

C'est parti pour le grand tour : Montpellier, Nice, Forcalquier, Toulouse, Le Mans, Carcassonne, Strasbourg en moins de dix jours, tout en faisant tourner la boutique de Valois et sans utiliser à aucun moment les moyens de l'État. Un road-movie qui continuera pendant six semaines.

Au premier meeting, à Montpellier, parfaitement organisé par le député Patrick Vignal, j'ai comme un vertige en montant sur l'estrade. Un peu comme un canasson qui se dérobe devant l'obstacle. C'est tout ce que j'avais décidé de quitter dix ans plus tôt : la course de petits chevaux des élus locaux qui se détestent et se bousculent pour être sur la photo, les discours interminables, les questions saugrenues, les militants tellement touchants qui vous agrippent pour un selfie ou un baiser, les dossiers d'intervention dont on vous charge avec un regard désespéré, les cadeaux hideux mais émouvants. Tout cela m'a rattrapée et je pense que oui, vraiment, cet exercice n'est plus pour moi. D'autres – qui ne savent pas encore de quoi il retourne exactement – vont s'y coller.

Nous savons déjà que Marine Le Pen serait l'adversaire du président. C'est contre elle que je sors mes scuds de tribune pour dénoncer son programme culturel liberticide qui veut mettre au pas les artistes, les journalistes et les responsables des structures culturelles. Son admiration sans bornes pour les autocrates corrompus de l'Europe de l'Est doit toujours sonner l'alerte. Ses modèles s'attaquent à la liberté de la presse, à la liberté de création sans jamais susciter de sa part la moindre condamnation. Derrière une façade de fausse respectabilité, les élus locaux RN mènent des politiques d'oppression contre la culture. Partout, ses élus dévoilent le visage d'une organisation brutale au service d'un clan qui ne recule devant rien pour conforter son pouvoir.

Pour mener cela, il faut museler les journalistes et donc privatiser l'audiovisuel public, dont elle ne supporte pas la liberté de ton. Quant à M. Zemmour, dont elle obtiendra les voix au second tour, il veut purement et simplement supprimer le ministère de la Culture.

De l'art et la manière de se prévaloir du général de Gaulle en combattant l'héritage d'André Malraux.

J'insiste beaucoup devant ces publics régionaux sur la « déparisianisation » du ministère avec un accroissement de 20 % des crédits gérés en région que j'ai mis en œuvre durant mon mandat, sur les budgets massifs votés pour le patrimoine, première politique culturelle identifiée par les Français. Un argument fait mouche : l'énumération des grandes réalisations des présidents de la Ve République, toutes situées à Paris, alors qu'Emmanuel Macron a décidé d'installer la Cité internationale de la langue française dans la partie la plus pauvre des Hauts-de-France, à Villers-Cotterêts, et dans une commune de dix mille habitants. Le succès est assuré.

Pendant ce temps, les autres candidats brillent par leur absence quasi totale sur ces questions. Allons, soyons justes : Mélenchon et Roussel ont une proposition qui décoiffe, porter les crédits destinés à la Culture de 11 à 25 milliards. Quand on voit les errances engendrées par de pareilles politiques budgétaires, on frémit. Certaines idées sont vraiment grotesques, comme celle de Mme Le Pen visant à démanteler les parcs éoliens existants. Pour le reste, on rebat les cartes de politiques déjà mises en place depuis longtemps et dont on jure qu'on va voir ce qu'on va voir, genre un « nouveau plan pour l'éducation artistique », une « mobilisation générale pour le patrimoine », la « réduction des inégalités territoriales », la « défense de la liberté de création », la « promotion des droits culturels », etc.

Le président lui-même ne semble pas très motivé pour défendre son bilan culturel alors qu'il est excellent et innovant : pass Culture, Micro-Folies, ambitieux programme de commandes publiques tel « Mondes nouveaux », sans compter le soutien exceptionnel apporté aux artistes et aux structures, soutien inégalé dans le monde. Je me suis souvent demandé d'où vient cette timidité alors que Macron est un homme de culture. Peut-être la peur, en en faisant la promotion, d'apparaître comme élitiste et éloigné des « vraies gens » ? C'est d'autant plus idiot que les Français sont fiers de leur culture et qu'ils la placent à la première position dans les atouts de la France.

Ce qui est franchement consternant dans ce débat est que personne ne s'est posé la seule question qui vaille : quel ministère pour la Culture ? et pour mener quelle politique culturelle ? Tout au long de ces pages, j'ai égrené des propositions qui peuvent se rassembler en plusieurs chapitres.

Tout d'abord, je mets en garde contre la tentation d'une nouvelle étape de la décentralisation ainsi que la préconisation de la Cour des comptes d'un ministère « recentré sur des missions d'impulsion et de pilotage ». Ce qui aboutirait exactement au même résultat : un dépeçage pur et simple. Décidément, les féodaux et les technocrates se sont réunis pour rêver d'un ministère de la Culture qui serait une simple agence de développement apportant son expertise au coup par coup à des clients que seraient ses opérateurs, les collectivités locales et des institutions privées.

Il convient aussi de mener une vraie politique d'aménagement du territoire en clarifiant et en simplifiant les innombrables labels distribués par l'État, en concentrant ses moyens dans chaque région sur des équipements structurants puis en analysant les zones grises pour remédier à des inégalités territoriales criantes. Au passage, ces inégalités ne feraient d'ailleurs que se renforcer si on accélérait la décentralisation.

Ce n'est donc pas de recentrage qu'on a besoin mais, au contraire, d'élargissement du périmètre de la Culture et ce dans plusieurs directions. Le ministère doit se voir reconnaître des prérogatives élargies dans le domaine de l'architecture et de l'urbanisme, de l'éducation culturelle et artistique ainsi que du rayonnement international du pays.

Enfin, le ministère de la Culture ne doit plus être le parent pauvre du développement des nouvelles technologies. Dans le plan « France 2030 » de 100 milliards d'euros, il a été alloué 600 millions d'euros à la culture. Pour améliorer l'image, on a recyclé 400 millions d'euros de crédits qui avaient déjà été décidés dans le plan de relance afin de faire un beau milliard tout rond. Personne n'est dupe. Tout cela mérite d'être revisité et renforcé, d'autant que nous avons, avec la direction générale des médias, du livre et des industries culturelles ainsi qu'avec le Centre national du cinéma et de l'image animée, les professionnels qui sont capables de mener ces sujets à bien si on leur en donne les moyens, et le retour sur investissement sera massif.

24 avril 2022

Cette victoire a un goût amer

Elle est vraiment bizarre, cette manifestation sur le Champ-de-Mars fêtant la réélection d'Emmanuel Macron. L'heure n'est plus à la jubilation contenue et à la majesté de la marche dans la cour du Louvre, au son de l'*Hymne à la joie*, de Beethoven, le soir de la victoire de 2017. Gilets jaunes, pandémie, guerre au centre de l'Europe, tout a semblé se dérégler de façon inéluctable mais le mouvement vient de loin et touche toutes les démocraties occidentales. Le président de la République porte d'ailleurs sur son visage des signes d'accablement et nous fait un discours sans flamme, façon service minimum, son épouse, Brigitte, ne paraissant guère plus joyeuse. Visiblement, des consignes ont été données pour ne pas donner dans le triomphalisme, mais, à ce niveau de retenue, c'est quasiment du masochisme. Pour ajouter à l'ambiance, le raout patauge dans la plus complète désorganisation, façon concert debout où des spectateurs hagards se pressent devant la scène comme dans un Hellfest raté. Il me faut bien être là, cela fait partie du job, et si ma présence ne compte pas, mon absence serait, elle, immédiatement considérée comme un abandon. Un seul moment de franche rigolade parcourt l'assemblée en voyant Manuel Valls ou François Bayrou jouer des coudes pour être dans le champ de vision du vainqueur. Le président m'embrasse, son regard a repris de la lumière : « Merci, merci… »

C'est dingue, je repense à toutes les campagnes présidentielles auxquelles j'ai participé depuis 1965, dans la ferveur absolue avec le général de Gaulle, Pompidou mollement, car à la maison nous le considérions comme un semi-traître, Chaban-Delmas avec le sentiment du désastre inévitable, Chirac comme un jour sans fin en 1981, 1988, 1995 et 2002 et ma fonction de porte-parole dans son dernier combat, Sarkozy dans la fougue du *condottiere* en 2007 et 2012. Je revois ma mère mettant un crucifix et une bougie devant la photo de notre candidat, mon père sortant de l'arrière du tableau accroché au-dessus de la cheminée du salon ses pronostics posés au début de la campagne et jamais démentis par les résultats.

Mais surtout, je repense au meeting de Rennes, ce 23 avril 2002, dans l'entre-deux-tours de la présidentielle qui oppose Jacques Chirac à Jean-Marie Le Pen. Chirac s'exprime avec une force contenue :

La France veut dire haut et fort que par-delà les différences entre les Français et par-delà l'opposition des projets entre la gauche et la droite, par-delà le nécessaire débat entre les forces de l'alternance, tous, nous sommes réunis par la passion des droits de l'homme, par l'amour de la République, par l'exigence morale de la tolérance et du respect de l'autre.
Tous, nous sommes réunis dans l'appartenance à la nation française par le refus de l'extrémisme, du racisme, de l'antisémitisme et de la xénophobie.
Tous, nous refusons les solutions simplistes, brutales, qui débouchent toujours, un jour ou l'autre, sur la violence d'État.

Un élu socialiste du conseil municipal d'Angers avait demandé à m'accompagner. « Pour la première fois de ma vie, je vais voter à droite. Je voudrais quand même bien voir comment il est, “en vrai”, mon candidat », me souffle-t-il. À la sortie du meeting, dans la voiture qui nous ramenait à Angers, après un long silence, il murmura : « Je suis fier de voter pour cet homme. Il est vraiment mon président. »

Jacques Chirac fut réélu avec 82,21 % des suffrages. C'était il y a vingt ans, c'était il y a un siècle…

Oui, cette victoire de 2022 a un goût amer. L'abstention bat des records, le Rassemblement national gagne encore 8 points par rapport à 2017, les deux grands vieux partis de la Ve République, le parti socialiste et le parti néogaulliste, sont à genoux, Mélenchon a talonné Marine Le Pen au premier tour, le front républicain est un concept jeté aux oubliettes, l'outre-mer, qui devrait être un rempart aux thèses racistes du RN, est tombé dans ses bras. Les votes « extrêmes », qui dépassaient de peu 20 % il y a vingt ans, frôlent les 60 % ! Plus de la moitié des Français ne se reconnaissent plus dans les valeurs qui les avaient rassemblés autour de Jacques Chirac. Petit à petit, tous les corps intermédiaires ont flanché : le catholicisme n'a plus ni prêtres ni fidèles et seulement 4,5 % des Français vont à la messe dominicale, les banlieues sont minées par l'islamisme et les trafics, les syndicats traversent une crise d'anémie mortifère, les partis classiques peinent à se convertir aux nouveaux moyens de communication, les tablettes et les écrans utilisés depuis le plus jeune âge permettent à chaque individu de contester son médecin, les enseignants, les policiers, les pompiers, les élus, les scientifiques, les journalistes, bref, tous ceux qui détiennent un peu d'autorité et de savoir. « Ni Dieu ni maître ». L'ultracrépidarianisme[1] sévit sur toutes les antennes et sur toutes les tribunes. Les mages, les gourous, les scientifiques dévoyés, les politiciens guignolo style Trump ou Bolsonaro séduisent les foules les moins informées et les moins éduquées et même ceux qui auraient pourtant le bagage intellectuel pour ne pas tomber dans le piège, tandis que les responsables politiques qui tentent de faire preuve de pédagogie et de réflexion sont taxés d'arrogance et de mépris du peuple.

Quand, avec ma garde rapprochée, vers 23 heures, nous nous retrouvons au Café de l'Esplanade, histoire de finir la soirée, j'ai le sentiment de participer à une de ces réceptions qui suivent les cérémonies funéraires à l'atmosphère douce-amère où se mêlent le plaisir d'être ensemble et la nostalgie du « jamais plus ».

25 avril 2022

Deux petits cartons

Les objets personnels qui m'ont accompagnée durant ces 682 jours tiennent dans deux petits cartons préparés avec soin. Si j'ai si peu de choses à emporter, c'est aussi, comme dans mes fonctions précédentes, parce que j'ai tenu à organiser régulièrement des tombolas gratuites pour les agents du ministère[2] avec les innombrables cadeaux reçus jour après jour. Déplacements officiels, entretiens avec des ministres étrangers, fêtes de fin d'année, tout est occasion de présents. Cela peut aussi tourner au gag quand on vous offre des horreurs et mes conseillers se sont constitué une photothèque hilarante avec ma tronche navrée découvrant une mocheté enrubannée.

Me revient aussi en mémoire cet échange lors d'une passation de pouvoir au Conseil européen où, après avoir offert à mon homologue la traditionnelle et coûteuse coupe en porcelaine de Sèvres, j'ouvre mon paquet pour découvrir… une minibouteille d'huile d'olive ! Vingt centilitres à tout casser. J'ai hésité à lui demander de rendre la coupe à la République française.

Dans mes fonctions politiques, j'ai toujours suivi les conseils de ma vieille bête de père, qui m'avait enjoint, quand j'étais entrée pour la première fois dans mon bureau à l'Assemblée nationale : « Tu dois quitter cette pièce tous les soirs comme si tu ne devais jamais y revenir. Pas de photos, pas de bibelots, aucun objet personnel… » Il appelait cela l'« ascèse de l'adieu » et ma mère, plus pragmatique, du haut de son pessimisme constant, assurait qu'il fallait « quitter les choses avant qu'elles ne vous quittent ». Rentrer chez soi chaque soir, régler à la fin de chaque mois les repas pris au ministère, n'être là que de passage, ne jamais s'installer.

C'est munie de ce viatique que j'affronte, sereine, les jours à venir, qui seront à n'en pas douter des montagnes russes d'émotion. Je repense à un livre, le dernier que ma mère a lu avant de mourir, *Le régiment part à l'aube*, de Dino Buzzati. Il y décrit magnifiquement ces riens qui flottent dans l'air et qui vous font savoir que vous allez partir. J'ai tout préparé et commence dès le lundi la tournée des adieux dans les directions du ministère avec des témoignages de reconnaissance et d'affection qui me transportent. Je veux aussi, à travers des spectacles ou des expositions, aller à la rencontre des grands opérateurs publics de la culture pour leur témoigner ma considération. De *L'Avare* au Français à *La Bayadère* à l'Opéra Bastille. Mais également hommage au théâtre privé avec le cher Fabrice Luchini au théâtre des Mathurins. Chaque fois, je pense que j'ai eu une chance inouïe de servir mon pays dans un tel environnement.

Semaine du 25 au 30 avril 2022

Les électeurs tiennent la hache

Pour moi, les choses étaient simples. Emmanuel Macron et son premier cercle avaient tout préparé. Le Premier ou la Première ministre serait connu(e) avant la fin de la semaine, le casting gouvernemental serait déjà bien peaufiné. Bon, on laisserait peut-être deux ou trois noms en blanc pour laisser croire au nouveau PM qu'il ou elle avait son mot à dire. Alexis Kohler sortirait la semaine suivante, au tout début du mois de mai, sur le perron de l'Élysée, pour annoncer les vingt-cinq postes majeurs de l'équipe, celle-ci ayant vocation à être complétée par une dizaine de secrétaires d'État après les législatives. Sans plus attendre, les nouveaux ministres partiraient en campagne, car là était bien l'enjeu : il fallait gagner ces élections, sous peine de stériliser en grande partie le second quinquennat ou, pire, d'être contraint à une cohabitation.

Pour confirmer ce scénario, nous apprenons que le Conseil des ministres est reporté du mercredi au lendemain, le jeudi 28 avril, et qu'il sera suivi d'un déjeuner sur la terrasse de l'Élysée avec le gouvernement au grand complet. C'est sûr, tout cela sent fort la cérémonie des adieux et je me dis : « C'est bon, je vais pouvoir prendre mon billet vers la côte basque pour la fin de la semaine prochaine. » C'est la quille. Ambiance super-sympathique en ce jeudi : certains sont détendus comme pendant la dernière semaine de classe : selfies, vidéos, blagues, souvenirs. Photo des filles avec Jean Castex, hilare. D'autres sont plus contraints, candidats aux législatives, ils ou elles ont la tête sur le billot et ce sont les électeurs qui tiennent la hache de la mort politique. D'autres jouent des coudes pour squatter la table où s'installe Emmanuel Macron, histoire de se faire bien voir dans tous les sens du terme. Je regarde le ballet des prétendants avec amusement et compréhension. En sortant, je prends en photo les journalistes massés au bas du perron, qui m'interpellent : « Alors, Roselyne, c'est la dernière ? » Je hoche la tête en souriant.

Comme un symbole psychopompe, cette semaine est marquée par le chagrin profond de trois cérémonies d'adieu. Le mardi, ce sont les obsèques de Nicholas

Angelich à Saint-Roch, mercredi, l'hommage national à Michel Bouquet dans la cour des Invalides, et vendredi, dans cette même cour, les hommages militaires sont rendus à Jacques Perrin. Trois hommes : un pianiste, un comédien, un cinéaste, trois artistes magnifiques qui font honneur à la France et à sa culture.

Dimanche 1er mai 2022

Que du bonheur…

Pas de nouveau Premier ministre. Étonnant, mais pas inquiétant : ce sera pour lundi, c'est évident.

Semaine du 2 au 8 mai 2022

Encore un Conseil des ministres !

Je continue ma tournée des adieux puisque le temps m'en est donné. « Le décor impressionniste » au musée de l'Orangerie, « Pharaons des Deux Terres » au Louvre, et je retrouve au théâtre de la Porte-Saint-Martin son patron, l'ami Jean Robert-Charrier, pour *Cendrillon* de Joël Pommerat. Ébouriffant de virtuosité. Et, pour finir en beauté : *On ne sera jamais Alceste*, l'étourdissante leçon de théâtre de Louis Jouvet avec les grands que sont Michel Vuillermoz, Gilles David et Didier Sandre.

Fabrice Luchini vient nous saluer en coulisses dans un monologue dont lui seul a le secret, nos trois sociétaires le regardant, éberlués. Terminer cette semaine encore et toujours avec Molière, décidément, c'est bien lui le patron !

La comédie a continué : nouveau Conseil des ministres à la fin duquel j'offre au président *Guerre*, de Céline, comme une sorte d'injonction indirecte à passer à l'action. Dans ce retard à l'allumage, il y a au moins une bonne nouvelle : ce sera l'équipe gouvernementale sortante qui sera présente à la cérémonie d'investiture du président, samedi 7 mai, et non pas une bande de nouveaux clampins qui n'auront pas donné une goutte de sueur pour sa réélection.

Samedi 7 mai 2022

Un tailleur qui fait causer

J'arbore pour la cérémonie d'investiture un tailleur vert pomme déjà beaucoup porté mais qui va faire la une des gazettes toujours à l'affût des plus stupides insignifiances. Je l'avais même porté avec Brad Pitt à la Bourse du commerce et au Centre Pompidou pour les expositions Charles Ray. Marisol Touraine va aller jusqu'à dire aimablement que je ressemble à Elton John.

Elle ressemble surtout à quelqu'un qui fait beaucoup de mamours au président pour redevenir ministre.

La cérémonie est simple, sans emphase. Brigitte Macron est superbe dans son tailleur blanc. Il y a beaucoup de monde dans le « carré des artistes » juste derrière la famille du président et de son épouse.

Le lendemain, nous nous retrouvons pour commémorer l'armistice du 8 Mai. *Business as usual.*

Lundi 9 mai 2022

Le plaisir est dans l'attente

Toujours pas de Premier ministre.

Semaine du 9 au 15 mai 2022

La valse des prétendants

On cherche l'oiseau rare, ou plutôt l'oiselle rare, pour devenir Première ministre. Circule même le nom de Catherine Vautrin, que je n'aurais jamais imaginée à Matignon. Par ailleurs, ça s'agite ferme dans le microcosme pour deviner le nom de mon successeur ou de ma successeure. Tout a commencé la semaine dernière avec le nom de Michel Denisot. Je commente par un « Intéressant » incrédule. La présence de Guillaume

Gallienne à la cérémonie d'investiture l'a propulsé comme futur ministre crédible. Super, c'est un pote. On me rapporte que l'increvable Jean-Marc Dumontet est en train de constituer son cabinet. Quelques propos tenus à son égard par Emmanuel Macron me font douter qu'il soit retenu même si son regard fuyant constaté lors d'une réception m'indique qu'il doit fomenter quelque intrigue. Rachel Kahn – qui a participé, en début d'année, à la commission de Gérald Bronner sur les « lumières à l'ère numérique » – paraît plus en cour.

Un conseiller surgit dans mon bureau : « C'est sûr, c'est Catherine Pégard ! » J'envoie immédiatement un SMS de félicitations à la présidente de Versailles, qui ne prend pas la peine de me répondre, prenant cela comme une connerie – à juste titre.

Les institutionnels fourbissent leurs armes. Laurent Le Bon, le président du Centre Pompidou, et Didier Fusillier, le président de la Grande Halle de la Villette, auraient, selon leur entourage, reçu des assurances à la hauteur de leurs ambitions et de leurs mérites. On évoque le retour probable d'Audrey Azoulay, la directrice générale de l'Unesco, même si elle n'a pas laissé le meilleur souvenir à Valois. On me signale que la candidate d'Alexis Kohler serait Laurence Bloch, la directrice sortante de France Inter. « Ça alors, pensé-je *in petto*, ça va être amusant : son premier chantier va être la suppression de la redevance, suppression à laquelle elle était fermement opposée… » C'est bizarre, mais, pour l'avoir longuement rencontrée à plusieurs reprises, je l'imagine mal renonçant à ses convictions pour un maroquin ficelé sur un siège éjectable.

Chaque heure, un nom surgit d'un informateur qui assure qu'il le tient « de la bouche du cheval ».

Après les institutionnels, les politiques montent sur le manège enchanté : Aurore Bergé, Catherine Morin-Desailly, Constance Le Grip ou encore Laurent Lafon. De grands élus locaux pourraient céder au chant des sirènes comme Michaël Delafosse, le maire de Montpellier, Caroline Cayeux, la maire de Beauvais, ou Arnaud Péricard, le maire de Saint-Germain-en-Laye.

Des noms improbables au premier abord sont cités : Olivier Poivre d'Arvor ou Rima Abdul-Malak, la conseillère culture du président. On assure à ma directrice de cabinet qu'elle serait la protégée de Brigitte Macron, avec qui elle entretient des liens forts de proximité. Ma foi, cette protection est un très bon point pour elle.

Par principe, la nomination d'un conseiller de l'ombre ne fait pas partie de mon référentiel, quelle que soit par ailleurs la compétence de la personne. Tout au long de ces 682 jours, mes relations avec Mme Abdul-Malak avaient été très agréables, d'autant que les problèmes de fond étaient massivement réglés à Matignon. Quant au *storytelling* imaginé par certains journalistes malveillants – un pléonasme –, d'une personne qui aurait conduit les affaires de Valois en sous-main, cela relève de la polémique politicienne ou – l'une n'excluant pas l'autre – de l'ignorance du fonctionnement des institutions, d'autant que le conseiller culture, hélas, n'a pas vocation à faire partie du premier cercle décisionnaire, quel que soit d'ailleurs le président de la République. Soutenir qu'il puisse exister un ministre *bis* est même d'une rare niaiserie puisque c'est le ministre seul qui est en conférence budgétaire, qui plaide ses dossiers devant le président et le Premier ministre, qui présente ses communications au Conseil, qui argumente dans les Conseils de défense ou les cellules de crise, qui se bat au Parlement devant les commissions et en plénière, qui défend les positions de la France au Conseil européen des ministres de la Culture et de la Communication, qui affronte les syndicats et les manifestants, qui négocie pied à pied comme je l'ai fait par exemple avec les patrons des plateformes ou des grandes entreprises de l'audiovisuel, qui dirige ses services, qui est passé sur le gril des matinales d'info. On n'a jamais vu un conseiller, quelle que soit son influence supposée, lui être du moindre secours. Au moment où le nom de Rima Abdul-Malak a commencé à circuler, j'ai pensé que cette nomination était sympathique et bienvenue, puisqu'elle mettrait ses pas dans les miens et qu'elle saluerait un bilan auquel elle avait été associée. C'est exactement ce qui s'est passé et, quand le président m'a demandé mon avis sur ce choix, j'ai pu l'approuver sans faire part de ma réserve de principe à la promotion de conseillers, compétents certes, mais sans poids politique. Toutefois, je campe sur mes positions ! Cette pratique instille dans l'opinion publique le sentiment d'un entre-soi technocratique des élites parisiennes et crée un sentiment d'injustice chez des élus – pourtant bien légitimes à assurer la fonction – qui constatent qu'il vaut mieux être au chaud derrière des portes capitonnées que de se battre face à la meute pour défendre le président de la République et son programme.

Ah, ce bal des prétendants, quelle rigolade ! Une semaine de folie… Les messages et les déclarations s'accumulaient me demandant de plaider ma cause auprès d'Emmanuel Macron pour continuer à Valois, ce que j'avais d'autant moins l'intention de faire que j'avais planifié mon départ et commencé à organiser ma nouvelle vie. J'ai même arrêté *in extremis* une pétition du personnel adressée au président et qui lui demandait de me maintenir dans le poste. Adorable, mais pas vraiment convenable… J'ai gardé précieusement ce témoignage d'affection terriblement émouvant.

Je poursuivais mon activité ministérielle, qui ne faisait que perturber un peu plus mon équilibre émotionnel : exposition « Love Songs » à la Maison européenne de la photographie, inauguration des travaux du musée de Cluny, réception des artistes français présents au Festival de Cannes, concert « Monumental Tour » de

Michaël Canitrot, exposition « Sur la route des chefferies du Cameroun » au musée du Quai Branly-Jacques-Chirac, « Machu Pichu » à la Cité de l'architecture, visite du musée Delacroix et bonheur de se poser un grand moment sous les ombrages de son ravissant jardin. Discuter avec des serviteurs magnifiques de notre patrimoine culturel, comme Laurence des Cars ou Emmanuel Kasarhérou. À chaque visite, les mêmes déclarations qui dépassaient de loin les formules de politesse habituelles.

Flash-back : jeudi 12 mai 2022

Mon pétage de plombs

Est-ce tout cela qui m'a fait « péter les plombs » ? Le jeudi 12 mai, le Premier ministre réunit les membres du gouvernement pour un dîner convivial. Avant de passer à table, Jean me prend à part et me propose ni plus ni moins de plaider pour mon maintien au ministère de la Culture… Je suis totalement bouleversée et, dans un moment d'égarement incompréhensible, j'accepte d'être « couchée » sur son testament politique. Qu'est-ce qui m'a pris ? Comment peut-on accepter une pareille ânerie ? Heureusement, je ne vais mettre qu'une heure à retomber sur mes pattes. J'envoie alors un SMS formel à Jean Castex lui interdisant une telle démarche. Encore aujourd'hui, je ne me remets pas de cette cagade ridicule et j'ai le sentiment d'être passée à quelques centimètres de tomber de la falaise… Ouf !

Quand un journaliste m'interroge sur cette fin de mandat, je sens bien qu'il voudrait une réponse binaire : soit je devrais la vivre comme un soulagement et ressentir la joie de retrouver une vie « normale », soit je devrais éprouver du chagrin et de la frustration de quitter une fonction magnifique. Mais les deux, mon général ! Évidemment, de même qu'à 67 ans de Gaulle se refusait à « commencer une carrière de dictateur », de même je n'allais pas à 75 ans jouer les prolongations. Chacun de ceux qui m'ont entourée peut témoigner que je n'ai pas tenté la moindre démarche, ni envoyé le plus petit signal, explicite ou implicite, indiquant un quelconque désir de continuer cette tâche. Bien au contraire.

Comme Éric Dupond-Moretti l'a fait valoir pour la réforme de la justice qu'il avait initiée, j'aurais pu expliquer à Emmanuel Macron la nécessité de la continuité pour mener à bien de très importants dossiers : accélérer l'opération « France 2030 » et la transition numérique, rénover le maillage territorial des opéras et des orchestres en région, faire fructifier les liens créés pendant la présidence française de l'Union européenne pour consolider les positions françaises sur la propriété intellectuelle et la protection de la création européenne, parfaire la transformation et la préservation de l'audiovisuel public et privé dans un contexte de suppression de la redevance, simplifier et harmoniser les politiques d'aides et de labellisation du spectacle vivant, moderniser les établissements d'enseignement de la culture et tout spécialement les écoles d'architecture devant l'exigence de la lutte contre le dérèglement climatique. Tous ces sujets étaient lancés, travaillés en profondeur et susceptibles d'achèvement à mi-mandat de la nouvelle législature. Ministre la plus populaire du gouvernement Castex, j'avais constitué de longue date un réseau impressionnant d'élus nationaux et locaux, de fonctionnaires, de responsables associatifs, d'acteurs du milieu culturel, la seule politique de la majorité à posséder un puissant réseau dépassant les frontières du macronisme. Certains votes au Parlement en témoignent.

Je sais que certains n'ont pas compris et même m'en ont voulu de n'avoir pas fait ce plaidoyer *pro domo* auprès d'Emmanuel Macron, plaidoyer que j'aurais probablement gagné. J'y ai beaucoup réfléchi et je ne regrette absolument pas d'avoir résisté à cette tentation qui m'a effleurée quelquefois, je le reconnais bien volontiers.

Pour autant, quitter le ministère de la Culture a été pour moi un deuil douloureux et cela restera un arrachement que je porterai tout au long de mon existence.

Lundi 16 mai 2022 au matin

Roselyne qui se mêle de ce qui ne la regarde pas

Toujours pas de Premier ministre… Mais les choses s'accélèrent. J'envoie à 10 h 40 un message à Emmanuel Macron : « C'est vraiment Élisabeth Borne qui serait votre meilleure Première ministre : de la solidité, du courage, une parfaite connaissance des dossiers écologiques et sociaux, une sensibilité de gauche et elle tiendra la marée devant la meute hurlante des députés Insoumis. Signé : Roselyne qui se mêle de ce qui ne la regarde pas »

Et, à 20 h 29, une heure après la passation de pouvoir entre Borne et Castex, il me répond : « Je vous écoute !! Bises »

MDR.

Semaine du 16 au 20 mai 2022 (quatre semaines après la réélection du président de la République)

« Gin tonic ! »

La nomination du gouvernement est calée pour la fin de semaine, l'occasion dans ces trois jours de se dire au revoir à grands coups de gin tonic, d'échanger des adresses et des rendez-vous la voix enrouée par l'émotion, de s'assurer que tous les conseillers ont bien un point de chute, de passer des appels de remerciements à tous ceux, nombreux, qui m'ont soutenue dans ces 682 jours de folie, de préparer mon discours de passation et de tout mettre en ordre.

Vendredi 20 mai 2022

Mission accomplie

À la fin de mon allocution qui salue l'arrivée confirmée de Rima Abdul-Malak comme ministre de la Culture, l'ovation qui remplit le salon des Maréchaux, retransmise en direct sur les chaînes d'info, est bouleversante. Elle continue tout au long de mon cheminement de départ : les agents se sont mis aux fenêtres et m'envoient des saluts et des baisers. À 18 h 31, le message d'Emmanuel Macron rejoint le chœur : « Je vous adore. Vous êtes super. Je vous embrasse. »

Demain est un autre jour.

Annexe 1

Bilan du quinquennat : des moyens en forte hausse et des priorités affirmées

Depuis 2017, et tout spécialement entre 2020 et 2022, le budget du ministère de la Culture a augmenté de manière exceptionnelle, au travers des crédits budgétaires classiques et d'outils plus innovants : Loto du patrimoine, « France Relance », Plans d'investissement d'avenir, Fonds pour les entreprises culturelles et créatives, « France 2030 ».

Le quinquennat a permis une hausse de 15 % des crédits budgétaires classiques et un renforcement massif de plus de 17 % des principaux dispositifs fiscaux en faveur de la culture dans un contexte d'inflation quasi nulle.

L'accélération a été particulièrement nette alors que l'inflation était quasi nulle à compter de 2021 et s'est même accentuée en 2022 (+ 7,5 %). Cette augmentation s'est faite pour l'ensemble des secteurs et au profit des territoires : la part des crédits d'intervention déconcentrés a ainsi progressé de plus de 7 points.

Une priorité à la jeunesse, à la démocratisation et à l'autonomisation des pratiques culturelles

Le quinquennat a été marqué par une hausse sans précédent des crédits en faveur de la jeunesse et de la démocratisation culturelle, soit + 48 %. Cette évolution résulte notamment de la création, puis de la généralisation à l'ensemble du territoire national, du pass Culture. L'accent a été mis également sur le développement de l'éducation artistique et culturelle, dont les crédits ont été doublés depuis 2017.

De plus, un plan sans précédent a été établi pour l'enseignement supérieur culturel, en augmentation de 10 % dans le budget 2022.

Une augmentation des crédits du patrimoine pour soutenir l'activité dans les territoires et renforcer l'attractivité culturelle de la France.

Les moyens en faveur du patrimoine ont augmenté de 14 % durant le quinquennat, qui a été marqué par des investissements exemplaires dans ses monuments historiques, tels le Grand Palais, le château de Versailles ou Villers-Cotterêts. Il a également soutenu la restauration des monuments historiques appartenant aux communes et aux propriétaires privés.

Annexe 1

Un nouvel élan à nos modèles de création et de diffusion artistiques

Un effort inédit a permis de soutenir l'emploi artistique et la jeune création avec des crédits en augmentation de 12 % à périmètre constant. À cela s'ajoute le déploiement de dispositifs fiscaux supplémentaires. Cette hausse du soutien public s'adresse aussi bien aux auteurs et aux professions du spectacle, aux opérateurs de la création, aux grands projets de modernisation et d'investissement, au renforcement des crédits en faveur des structures en région et à l'affirmation d'une véritable politique en faveur des festivals.

Les filières médias, livres et industries culturelles voient leurs crédits augmentés de 9 % sur la période avec un cadre profondément modernisé

Le quinquennat a permis une mobilisation exceptionnelle de crédits en faveur des filières des industries culturelles, une hausse des dépenses fiscales et une modernisation des moyens d'action de l'État.

Cette mobilisation a touché tous les secteurs :

— pour la musique, la création du Centre national de la musique et l'adoption, dans le budget 2022, d'un crédit d'impôt pour l'édition musicale ;
— un plan exceptionnel de filière pour la presse doté de 483 millions d'euros ;

— le renforcement inédit des crédits du fonds de soutien à l'expression radiophonique ;
— pour le cinéma et la production audiovisuelle, la modernisation des taxes affectées ou fonds de soutien géré par le CNC, la modernisation du financement dans le cadre des directives SMA et droits d'auteur, le renforcement des dispositifs fiscaux ;
— pour le livre, le renforcement pérenne des crédits du Centre national du livre et de la Bibliothèque nationale de France avec l'achèvement du site historique de Richelieu, le lancement du projet de réserves et du projet immobilier de la BPI.

Des outils exceptionnels et novateurs au service de la relance et de l'innovation

Une mobilisation exceptionnelle pendant la crise, à hauteur de 15 milliards d'euros

Ces aides ont touché tous les secteurs de la culture. On signale tout spécialement l'année blanche pour les intermittents et sa prolongation. Mais le soutien de l'État s'est exprimé aussi au travers de l'activité partielle, du fonds de solidarité, des prêts garantis et des exonérations de cotisations sociales.

Annexe 1

Des outils novateurs

Des crédits exceptionnels ont été mobilisés, destinés à l'innovation, à la transition numérique et écologique ou au renforcement des fonds propres et à l'indépendance économique des entreprises culturelles dans le cadre des Plans d'investissement d'avenir : 190 puis 400 millions d'euros. Un fonds de 225 millions d'euros a été destiné à des investissements en fonds propres dans les entreprises créatives. Le plan « France 2030 » mobilisera 600 millions d'euros pour placer la France en tête de la production des contenus culturels.

Annexe 2

Actions menées entre juillet 2020 et mai 2022

Patrimoine et architecture

- Plan de relance
- Suivi du chantier de Notre-Dame de Paris, du Grand Palais et de nombreux bâtiments patrimoniaux
- Restitutions : Bénin et biens juifs spoliés et lois afférentes
- Renouvellement de la convention Louvre Abu Dhabi
- Création de l'Observatoire, rapport Lemas, etc.
- Renouvellement et féminisation des nominations à la tête des grands établissements patrimoniaux

Spectacle vivant

- Soutien au secteur : prolongation de l'année blanche et dispositifs spécifiques
- « Plan Artistes-Auteurs » et suites du rapport Racine
- Politique des festivals. Tenue de trois états généraux
- Missions « Opéras en région » et « Orchestres en région »

• Opéra national de Paris. Soutien et suites du rapport Hirsch-Tardieu
• « Mondes nouveaux »
• Photographie : rapport Franceschini et grande commande publique
• Création de l'établissement public Mobilier national
• Re-mise en place des Coreps
• Nombreuses nominations

Médias et industries culturelles

• Loi relative à la régulation et à la protection de l'accès aux œuvres culturelles à l'ère numérique
• Plan presse, accords presse-poste sur le transport postal concertations police-journalistes, aides aux pigistes
• BnF : centre de conservation d'Amiens
• Lecture, grande cause nationale
• Négociations auteurs-éditeurs et négociations sur les clauses types de l'audiovisuel
• Audiovisuel public : les conventions d'objectifs et de moyens 2020-2022, offre de proximité, maintien de France 4 et création de Culture Box, Pactes outre-mer, diversité et jeunesse
• Réforme du financement de la création

Cinéma, audiovisuel

- Chronologie des médias
- Négociations avec les plateformes
- « France 2030 »
- Soutien massif au secteur
- Le cinéma à l'école dès la maternelle
- Renouvellement de la présidence du Festival de Cannes

Francophonie et langues de France

- Villers-Cotterêts
- Semaine de la francophonie
- États généraux à La Réunion
- Printemps des Poètes
- Installation à Matignon du Conseil interministériel des langues régionales

Transmission, éducation, démocratisation

- Création d'une nouvelle direction générale à cet effet
- Mise en œuvre réussie du Pass Culture
- Le 100 % EAC
- Lancement des capitales françaises de la culture
- Enseignement supérieur : plan « Santé étudiants » et travaux sur l'insertion des jeunes diplômés

- Travaux préparatoires : JO et Olympiades culturelles
- Conseil national des territoires pour la culture et création des conseils locaux
- Contrats avec les collectivités territoriales
- Plans de lutte contre les violences sexuelles et sexistes

En interne

- Animation du réseau des Drac avec une forte implication personnelle de Roselyne Bachelot
- Réforme de l'administration centrale
- Parachèvement du plan indemnitaire, du plan informatique et de la stratégie numérique
- Gestion de la crise en continu
- Suivi du plan de relance
- Plus de cent cinquante déplacements dans les territoires

Travaux législatifs et réglementaires

- Loi DDADUE
- Loi RPAOCEN
- Lois restitutions
- Copie privée
- Textes européens, DSA, DMA, propriété intellectuelle
- Décret Smad
- Lois de finances

Annexe 2

International

- Présidence française de l'Union européenne
- G20 de la culture à Rome
- Présence effective aux Conseils européens
- Crise ukrainienne : accueil des artistes, soutien à la protection des œuvres d'art
- Action diplomatique de soutien à Aliph (protection des biens culturels dans les zones de conflit) et organisation de la deuxième Conférence des donateurs au Louvre

Notes

I. Comment voyez-vous les choses ?

1. Raymond Soubie, conseiller social du président Nicolas Sarkozy de 2007 à 2010. Ancien président de l'Opéra de Paris et actuel président du théâtre des Champs-Élysées.

2. Catherine Vautrin, annoncée comme Première ministre, en fera l'amère expérience lors de la constitution du gouvernement en mai 2022.

3. Philippe Lombardo et Loup Wolff, « Cinquante ans de pratiques culturelles en France », à retrouver sur le site du ministère de la Culture (www.culture.gouv.fr).

4. Lors d'un dîner, Yves de Gaulle, petit-fils du Général et auteur d'*Un autre regard sur mon grand-père* (2016), m'indiqua que le chef de la France libre était un fervent lecteur de science-fiction… et de bandes dessinées. Ce genre de lectures est peut-être plus utile aux politiques que les traités d'économie puisque, selon John Galbraith, économiste, la seule fonction de la prévision économique est de rendre l'astrologie respectable. Va savoir, Charles !

5. *Un rêve d'Avignon*, programme exceptionnel de France Culture du 6 au 25 juillet 2020 alors que le Festival d'Avignon était annulé.

6. Wolfgang Schäuble, qui fut ministre des Finances de la République fédérale d'Allemagne de 2009 à 2017, disait avoir vu défiler dix collègues français !

II. Un jour sans fin

1. Hauteur de l'édifice : 63 mètres à Nantes et 69 mètres pour Notre-Dame de Paris. Hauteur de la nef sous voûte : 37,50 mètres à Nantes et 33 mètres à Notre-Dame de Paris.
2. Muriel Barbery, *L'Élégance du hérisson*, Gallimard, 2006.
3. *Verdi amoureux*, Flammarion, 2013.
4. Reprendre cette activité d'éditorialiste à ma cessation d'activité ministérielle m'a été refusé par la Haute Autorité pour la transparence de la vie publique au motif que j'avais exercé la tutelle de l'audiovisuel public pendant deux ans. J'ai du mal à imaginer comment effectuer une fois par semaine une analyse de 8 minutes sur les voix lyriques me mettrait en conflit d'intérêts avec la gestion de Radio France… Allons, il convient d'être obéissante pour une fois !
5. L'expression est de Giuseppe Verdi…
6. Jauge de l'Opéra Bastille : 2 745 personnes. Jauge de l'Opéra Garnier : 1 979 personnes.

III. *Winter is coming…*

1. « L'hiver vient », titre du premier épisode de la série *Game of Thrones.*
2. Dorothée Janin-Goldman, *L'Île de Jacob*, Fayard, 2020.
3. Comme il le raconte dans *Par-delà les vagues* (Robert Laffont, 2022).
4. Grand Corps Malade est le nom de scène de Fabien Marsaud.

5. Rapporté dans *Le Point* du 7 juillet 2022.

6. Qui donnent leur avis sur des sujets dont ils ne savent rien.

7. Pour ceux et celles qui souhaitent mon analyse complète de la crise sanitaire de 2009, consulter sur le site de l'Assemblée nationale à la date du 1er juillet 2020 le compte rendu de mon audition devant la Mission d'information de la conférence des présidents sur l'impact, la gestion et les conséquences dans toutes ses dimensions de l'épidémie de Covid-19.

8. J'utilise par facilité cette image. On devrait parler plutôt de « zones sous-denses ». Ceux qui comme moi ont fait de l'humanitaire en Afrique savent ce qu'est vraiment un « désert » médical…

9. Les médecins ont obtenu un tarif de 44,60 euros par injection le samedi et le dimanche… et certains ont réussi à gagner parfois jusqu'à 9 000 euros par jour.

10. Propos rapportés par *Le Journal du dimanche* le 2 janvier 2021.

IV. Les invasions barbares

1. De la même façon, la chapelle de la Retraite d'Angers, où je suis allée à la messe sans petit-déjeuner – j'insiste : sans petit-déjeuner ! – tous les matins alors que j'y étais pensionnaire a été détruite sans que je verse une larme sur cette horrible construction style crème Chantilly dans le plus pur style bondieusard ignacien.

2. Visiblement pas un spécialiste puisqu'il qualifie la chapelle de « pluriséculaire »… Enfin, je sais bien que les années passent de plus en plus vite !

3. Les architectes Anne Lacaton et Jean-Philippe Vassal, associés dans l'agence Lacaton-Vassal.

4. C'est bien sûr une plaisanterie (je précise, on ne sait jamais, des fois que des journalistes le prennent au premier degré et des psychanalystes comme un désir refoulé !).

5. Supplément du *Figaro*, cahier n° 1, n° 24264 et 24265 des 26 et 27 août 2022.

6. Commission créée par François Hollande le 16 juillet 2012. Nous avons rendu nos travaux au président de la République le 9 novembre 2012.

7. David Mangin, *La Ville franchisée. Formes et structures de la ville contemporaine*, Éditions de la Villette, 2004. (*La Ville franchisée* et non *La France franchisée* comme il est dit dans l'article de Charles Jaigu).

VI. « Qui t'a fait roi ? »

1. Comme, par exemple, dans mon livre *Les Maires. Fête ou défaite ?*, Anne Carrière, 2001.

2. Rapporté par Olivier Beaumont dans *Le Parisien* daté du 8 juillet 2022.

3. J'avais demandé à Monique et Jack Lang de m'accompagner car je connaissais les liens qui ont uni pendant dix-huit ans leur fille Valérie à Stanislas Nordey, le patron du théâtre national de Strasbourg, un de nos six théâtres nationaux. Valérie Lang, comédienne, est décédée prématurément à l'âge de 47 ans.

4. Rapport de la Cour des comptes sur le ministère de la Culture remis en juin 2021 à retrouver sur le site de l'institution.

5. Exactement 2,95 milliards en 2019 et 3,16 milliards en 2019.

6. Appelé « conseil départemental » depuis la loi du 17 mai 2013.

7. Devenu Festival d'Anjou en 1975.

8. J'ai été conseillère municipale d'Angers de 1995 à 2001.

9. *Le Journal du dimanche*, 29 octobre 2017.

10. Le syndrome de Stockholm désigne la propension des otages à épouser la cause de leurs ravisseurs si leur détention se prolonge.

VII. *Ave César !*

1. Un cinéaste m'avait assuré que le CNC (Centre national du cinéma) avait été créé par… Jack Lang. Il était quelque peu défrisé quand je lui appris que l'ancêtre de cette institution avait été créé par le régime de Vichy et promptement rebaptisé en 1946… On devrait toujours étudier l'histoire des conquêtes sociales.

2. Les annexes 8 au régime de l'assurance chômage concernent les ouvriers et les techniciens des différents secteurs culturels et les annexes 10 les artistes. On estime aujourd'hui que, pour environ 300 millions d'euros de cotisations versées, les intermittents reçoivent environ 1,3 milliards d'euros de prestations.

3. Les intermittents indemnisés étaient au nombre de 9 060 en 1984, 41 113 en 1991, 106 000 en 2013 et environ 125 000 aujourd'hui. Une partie notable de cette inflation est représentée par la présence d'intermittents dans les sociétés de l'audiovisuel public et privé, ce qui peut être considéré comme un dévoiement du système ou comme une subvention déguisée !

4. Nous sommes le 10 septembre.

5. Chiffres 2019 du ministère de la Culture : 953 théâtres, 198 lieux de diffusion de la musique, 449 conservatoires et 120 établissements d'enseignement supérieur Culture.

6. Serge Dorny, le directeur de l'opéra de Lyon m'a communiqué des photos du hall de l'opéra littéralement transformé en ZAD.

7. Jean-Jacques Lebel, artiste plasticien, producteur de happenings, tenant de la contre-culture, et Paul Virilio, architecte et urbaniste.

8. *Le Monde*, 28 décembre 2012. Il n'a pas pris une ride…

9. Xavier Giannoli en fera de même en 2022 et ne viendra pas chercher les deux Césars récoltés pour *Illusions perdues*.

10. Lors de l'équivalent espagnol de la soirée des Césars, la profession du cinéma demanda à des soignants de remettre les statuettes – les Goya – de récompense. Classe.

VIII. La lumière de l'astre mort

1. Il y a deux types de séances de questions au gouvernement : les célèbres QAG, « questions au gouvernement », qui malheureusement ne sont plus retransmises en direct par France 3, et les QOSD, « questions orales sans débat ». Pour ces dernières, en matinée, dans un hémicycle déserté où ne siègent que le questionneur et le parlementaire qui va prendre sa suite, quelques ministres sont de corvée pour répondre avec des notes insipides préparées par les cabinets des ministres en cause à des dossiers qui n'ont rien à voir avec leurs compétences. On voit ainsi le ministre de la Culture prendre un air convaincu pour dire sa réprobation sur l'élevage des poulets en batterie, son indignation sur les attaques djihadistes au Mali et sa compassion pour les victimes des inondations.

2. Elle a été en fait écrite par le journaliste et avocat Camille Desmoulins en 1791, à qui l'on doit aussi la devise de la République *Liberté, Égalité, Fraternité*.

3. J'ai toutefois participé au fameux Sarkothon, qui épongeait le financement de la campagne de Nicolas Sarkozy. J'avais été sa ministre, participé à ses deux campagnes présidentielles, et c'était la moindre des choses.

4. La formule est de Neïla Latrous et Jean-Baptiste Marteau (*Bal tragique à l'UMP. Coups bas, fraudes et trahisons*, Flammarion, 2013).

5. Au fait, et la culture dans tout ça ? Rien de bien original sauf une mesure, l'instauration d'une « Journée nationale des héros français ». C'est vrai qu'en France, pour les commémorations, on était vraiment en manque…

6. Propos rapportés par *Le Parisien* daté du 25 mai 2022.

IX. Ô ministres intègres

1. Cela me rappelle mes démêlés avec mon cher Jacques Chirac. Il est curieux que nombre de personnes portent sans complexe des lunettes, avouent sans peine une prothèse de hanche ou un pacemaker mais préfèrent s'isoler plutôt que de porter une aide auditive…

2. Sur ce rappel historique, une lecture utile : Pierre Molinier, *Les Politiques publiques de la culture en France* (1999), PUF, coll. « Que sais-je ? », 2021, 8e éd. Pierre Molinier est ancien chargé d'études et de recherche au ministère de la Culture et de la Communication.

3. On m'a assuré que Jean-Jacques Aillagon l'avait acheté chez un brocanteur pour le compte du ministère. Que les mânes d'Édouard Dantan me pardonnent, mais c'est carrément une croûte…

4. Un précurseur, ce Larroumet, puisqu'il s'intéressait à la photographie ! Professeur, écrivain, journaliste, critique littéraire, il fut même secrétaire perpétuel de l'Académie des beaux-arts.

5. André Cornu est le père de Simone Gallimard, éditrice, et grand-père d'Antoine et Christian Gallimard, éditeurs.

6. Présidente du comité d'histoire du ministère de la Culture et ancienne directrice du patrimoine.

7. Un livre tonique, exhaustif et totalement indispensable pour ceux et celles qui sont passionnés par les politiques culturelles : Jacques Toubon et Maryvonne de Saint-Pulgent, *L'Énergie et la Passion*, La Rumeur libre, 2022.

8. Note de précaution : j'aime beaucoup Romorantin avec son musée de Sologne et La Canourgue, dont mon ami Jacques Blanc fut le maire.

9. Musée des civilisations de l'Europe et de la Méditerranée.

10. *La Comédie de la culture*, Seuil, 1993. Michel Schneider est mort le 21 juillet 2022. Lire aussi le remarquable *Big Mother. Psychopathologie de la vie politique* (Odile Jacob, 2002).

11. À l'occasion de sa disparition, *Le Monde* daté du 23 juillet 2022 a publié une excellente notice nécrologique signée par Patrick Kéchichian.

12. Il avait appelé à voter Hollande en 2012.

13. J'ai baptisé ainsi le couloir du ministère qui mène du salon Alechinsky au salon des Maréchaux et où l'on accroche les portraits des anciens ministres de la Culture.

X. La propriété, ce n'est pas du vol

1. Michel Larive, député LFI de l'Ariège de 2017 à 2022.

Notes

XI. Ici, il n'y a pas de pourquoi

1. Élie Buzyn, le père d'Agnès, est décédé le 23 mai 2022.

2. Primo Levi, juif italien déporté à Auschwitz et auteur de *Si c'est un homme* (1947), vendu à plusieurs millions d'exemplaires et traduit dans soixante langues

3. Merci à la ville de Sannois qui avait acheté ce tableau de toute bonne foi et dont le conseil municipal a voté à l'unanimité la restitution.

4. J'ai à nouveau visité cette exposition à l'invitation du président Macron en juillet 2022. L'émerveillement était intact.

5. Bénédicte Savoy, historienne française de l'art, et Felwine Sarr, musicien et sociologue sénégalais.

6. Pour « Sur la route des chefferies du Cameroun » au musée du Quai Branly-Jacques-Chirac, cette dimension religieuse a été prise en compte et des pratiques rituelles ont accompagné cette exposition.

7. Une laure est un monastère orthodoxe.

8. De la même façon, les nazis soutiendront dans les pays occupés des mouvements régionaux séparatistes ou autonomistes.

9. Ah, Nordey dans *Mithridate*…

10. Aliph est une fondation rassemblant des États qui ont uni leurs forces pour protéger le patrimoine en danger. Le président en est le grand mécène américain Thomas S. Kaplan.

XII. Quitter les choses avant qu'elles ne vous quittent

1. Ça, c'est juste un petit plaisir pour flatter mon goût immodéré pour les mots sophistiqués. L'ultracrépidarianisme est l'attitude qui consiste à s'exprimer doctement sur des sujets sur lesquels on n'a aucune compétence, pathologie qui sévit à haute intensité dans l'espace public. Dans un débat sur le réchauffement climatique, l'animateur d'une station de radio avait interrogé « Ginette de Romorantin » sur les explications données par un éminent climatologue. Ginette avait répliqué qu'elle n'y croyait pas car il avait plu pendant toutes ses vacances. Et le journaliste, de conclure sans rire : « Vous voyez que, sur le réchauffement climatique, les avis sont partagés » !

2. Ceux-ci m'ont assuré que je suis le seul ministre de la Culture à avoir procédé de cette façon.

Table

I. Comment voyez-vous les choses ?

II. Un jour sans fin

III. *Winter is coming…*

IV. Les invasions barbares

V. Prendre la Bastille

VI. « Qui t'a fait roi ? »

VII. *Ave César !*

VIII. La lumière de l'astre mort

IX. Ô ministres intègres

X. La propriété, ce n'est pas du vol

XI. Ici, il n'y a pas de pourquoi

XII. Quitter les choses avant qu'elles ne vous quittent

DU MÊME AUTEUR

Aux Éditions Plon

Le Pacs : entre haine et amour, 2000
Corentine, 2019

Chez d'autres éditeurs

Les Maires : fête ou défaite ?, Anne Carrière, 2002
Le Combat est une fête, Robert Laffont, 2006
À Feu et à sang : carnets secrets d'une présidentielle de tous les dangers, Flammarion, 2012
Verdi amoureux, Flammarion, 2013
La Petite Fille de la Ve, Flammarion, 2015
Bien dans mon âge : tout commence à soixante ans, Flammarion, 2016

Pour en savoir plus
sur les Éditions Plon
(catalogue, auteurs, vidéos, actualités...),
vous pouvez consulter
www.plon.fr
www.lisez.com

lisez!

et nous suivre sur les réseaux sociaux

Editions Plon

@EditionsPlon

@editionsplon

MIXTE
Papier issu de
sources responsables
FSC® C003309

L'éditeur de cet ouvrage s'engage dans une démarche
de certification FSC® qui contribue à la préservation
des forêts pour les générations futures.

Pour en savoir plus :
www.editis.com/engagement-rse/

Imprimé en France par CPI Brodard et Taupin
en décembre 2022

N° d'impression : 3050433
P31465/01